穿越中國五千年 ①

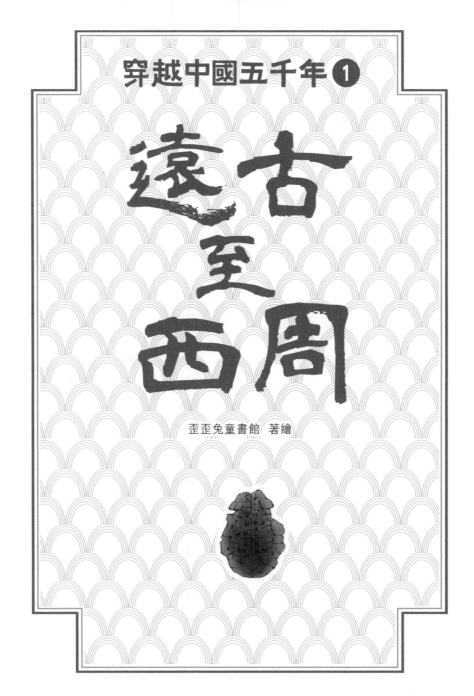

古遠至西周

歪歪兔童書館 著繪

中華教育

前言
讓歷史更鮮活、更可愛一些

張永江

本書審訂人

（國家清史編纂委員會專家，中國人民大學歷史學院教授、博導）

作為一個大半生從事歷史研究、歷史教育的專業人員，數十年來，有兩大問題始終縈繞在我心懷：許多人為之竭盡心力的史學有何價值？怎樣才能把紛繁複雜的歷史知識有效傳達給社會公眾，並成為大眾知識的一部分？這也可以說是歷史學者的「終極之問」吧。

所謂歷史，就是已經逝去的過往一切。沒有文字之前，人類記憶的保存和傳遞基本上只能依靠口耳相傳。那時，構成歷史的記憶，多半是家族、部落的先輩的經歷、經驗和教訓。有了文字，就有了儲存、傳承歷史記憶的「利器」。歷史記憶，對於家族、部落乃至民族和國家都極為重要，是凝聚認同感的主要依託。對於個人，歷史也同樣重要，往往表現為潛意識下的集體認同情感和外在的生命智慧，滋養豐富着個體的精神世界。毫不誇張地說，古往今來，凡是卓然超羣的偉大民族和深謀遠慮的傑出人物，無一不吸收並受益於豐厚的歷史經驗的滋養。

在古典時代，華夏中國數千年的文明綿續不斷，累積了獨一無二的

豐厚的歷史記錄，皇皇巨著「二十四史」就是中國作為史學大國的明證。我們不光擁有三千年連續不斷的歷史記載，擁有浩如煙海的史學著述，還形成了堪稱發達的史學文化。「以史為鑒」、「秉筆直書」等等，都是中華民族史學之樹長青的精神養料。當然，中國史學發展到近代，也存在着一個重大缺陷，就是百多年前梁啟超指出的傳統史學缺乏「國民性」，都是以帝王將相為中心的歷史。為此，他呼籲「史學革命」，為創建「新史學」不遺餘力。實際上，舊史學除了記錄內容有「帝王中心」的問題外，還存在「形式」過於「莊嚴」，脫離廣大民眾、高高在上的問題。

近代以來，隨着近代化浪潮的影響，中國的文化轉型為各領域帶來了變化。史學也開始由統治階級主要用於「資治」的「高大上」功能而定位於「廟堂」之上，逐漸放低「姿態」，全面容納社會生活；體裁上以西方史學為藍本的章節體史書，搭配淺顯易懂的白話文敍述，使社會公眾對史學有了更多的親切感。關心史學的人士也由過去狹窄的士大夫精英階層擴大到一般的知識界，並經由中學教科書體系連接到未成年人世界。這種改變當然是可貴的，但還遠遠不夠。歷史的普及教育仍然有一個門檻，那就是必須具備了中學以上學歷或識字水平才能進入歷史世界。這看似不算高的門檻，事實上將億萬兒童擋在了歷史殿堂之外。

現在面臨的一個重要的問題是，如何讓靜態的歷史鮮活起來，化繁為簡，讓「莊嚴可敬」的歷史更接地氣，趣味橫生？

前人已經付出了很多努力來探索這種可能性。早在清代，就已出現了通俗性的歷史讀本《綱鑒易知錄》。學富五車的梁啟超、胡適都是通

過這部書來啟蒙史學的。歷代都有人通過小說、戲曲、詩詞等藝術形式表現歷史，影響較大的如《三國演義》、《説唐傳》。近數十年，由專業學者編寫的普及性的歷史讀物覆蓋了歷史上的重大事件、人物傳記，人們創作了大量的連環畫來展現歷史，歷史題材的小說如《少年天子》、《雍正皇帝》，影視中的清宮戲，電視節目中的《百家講壇》等，更是令人目不暇接。但是，藝術表現的歷史，並非都是真實的歷史，歪曲、誇大、臆造、戲説的「歷史」所在多有。新形式不僅沒有幫助兒童獲取正確的歷史知識，兒童讀者反而因為缺乏鑒別能力而有可能被誤導。系統地、準確地、正確地向廣大社會公眾傳達真實的歷史知識，仍有待專業的歷史研究者努力。

史學知識普及的難點在於，難以兼顧通俗性與嚴肅性。通俗性要求讀者喜聞樂見，情節生動有趣。但傳統史學本身關注的內容毫無趣味，研究更需要嚴謹細緻，過程枯燥乏味。於是就出現了兩個極端：專業研究者謹慎嚴格，研究結果只在「圈內人」中傳播；社會公眾中的史學愛好者興趣盎然，對資料卻真偽不辨，良莠不分，傳播的只能是戲説的「歷史」。歷史產品的「出品方」雅俗分離，兩者漸行漸遠，普羅大眾更多接受的是後者。

可喜的是，近年來這種困境有了新的突破，就是專業史學研究者與業餘歷史愛好者雙方在編輯、出版者的撮合下走到一起，分工合作，面向廣大兒童、青少年推出了新型故事。首先試水的是「漫畫體」的歷史故事，以對話方式推進故事，受到學齡前後兒童和家長的喜愛，在市場上大獲成功。新文本雖然形式活潑，但內容也經專家審定，並無虛構。

歪歪兔的這套《穿越中國五千年》，可以看作是「漫畫體」的升級版，面向的是中小學階段的讀者。全書分十冊，涵蓋了從遠古到清代的漫長時期，按階段劃分成卷，完全符合歷史發展順序，可以視作「故事體」的「少年版中國通史」。敘事上，避免了以往歷史讀物常見的簡化版枯燥的「宏大敘事」問題，而是每冊選取三十個左右的歷史故事，通俗形象地展示這一時期的歷史概貌。

　　作為本書的審訂人，我認為這套書有以下特色和優點：

所採擷的歷史故事真實、經典，覆蓋面廣，屬大眾喜聞樂見、耳熟能詳者。

　　本書由具有深厚史學功底的歷史學者、知名歷史類暢銷書作家合力撰寫，故事根據《左傳》、《戰國策》、《史記》、《漢書》、《資治通鑒》等歷史典籍編寫，參考最新的權威考古研究報告，以適合小讀者的語言進行講述，生動有趣地還原真實的歷史事件，讓歷史更加鮮活。每篇故事中的生僻字都有注音，古代地名標明現今位置，生僻官職名稱、物品名稱也有相關解釋，掃除了閱讀障礙。

編排設計合理，強調對歷史線的梳理，簡要勾勒出一部中國歷史大觀。故事之間彼此呼應，有內在的邏輯關係。

　　本書精選的二百七十個歷史故事，基本涵蓋了中國歷史發展過程中重要的時間點和歷史大事件。小讀者通過這套書，可以清楚地了解到從

距今約七十萬年的周口店北京人到 1912 年清朝滅亡期間王朝的興衰和歷史發展過程。

💡 **內容豐富，知識欄目多，便於小讀者在學習歷史的同時，豐富文化知識，開拓視野。**

每一篇除故事主體外，還大致包含以下欄目內容：

好玩的副標題，激發小讀者的閱讀興趣。

知識加油站，選取與歷史故事相關聯的知識點，從文化、文學、科學、制度、民俗、經濟、軍事等角度，擴展小讀者的知識面，讓他們了解生活中方方面面的事物都是隨着歷史進程而發展、發明出來的，在增加歷史文化知識的同時，更直觀地理解古人的智慧和歷史的發展規律。

當時的世界，將中國歷史與世界歷史同時期的事件進行對比展示，開闊孩子的視野，培養孩子的全局觀。

💡 **文風活潑生動，圖文並茂，可讀性強。結合中小學生的實際生活，運用比喻、類比、聯想等手法敍事，幫助小讀者真正從歷史中獲得對實際生活的助益。**

時代在進步，文化也在按照自己的邏輯演進。新的世代有幸生活在「全球一體化」的文化交融時代，他們能夠並正在創造出超越前人的新

文化。歷史的海洋足夠廣闊深邃,充分擷取其滋養,豐富個人精神,增進民族智慧,是我們每一個歷史學者的志願!

2021 年 8 月 15 日於京城博望齋

目錄

穿越指南 ▶ 遠古

回到遠古時代，第一重要的就是一定要時刻小心，觀察四周，注意隱蔽，千萬不要被野獸吃掉了。你可以看看你周圍有沒有木棒甚麼的，如果有就拿在手裏，萬不得已時還可以和牠們搏鬥。但你最好還是在心裏祈禱，千萬不要遇見牠們；如果真的遇到了，記住，最好的辦法還是趕快逃跑，跑得越快越好。

第二，你一定要想方設法找到古人類同伴並加入他們。有了同伴的幫忙，你活下來的機率會大大增加。我們的同伴會住在哪裏呢？——山洞。那時沒有房子，他們為了遮風擋雨，只能和很多野生動物一樣，找一個天然的洞穴當容身之所。但是，並不是在所有的山洞都可以找到他們，你可以在夜晚悄悄走進洞穴，看看裏面有沒有光亮，如果沒有就趕快離開，或許裏面住着兇猛的野獸；如果有的話，那麼恭喜你，你已經找到同伴了。因為不論時光機把你送到了哪個時期，我國境內的元謀人、北京人和山頂洞人都已經學會了使用火。在洞內燒火對古人類來說是非常重要的事，一來可以取暖，二來可以把闖進來的野獸嚇跑。

終於找到同伴了，當我們和他們一起生活的時候，我們要做些甚麼呢？

最重要的當然是解決食物問題了。如果你是男生的話，就要負責打獵。打獵時可以使用一些簡單的工具，比如把鋒利的石頭綁在木棍上製成長矛，或者直接拿石頭當武器。那時可沒有學校，大自然就是一所

天然的學校，你一定要好好學習打獵的技巧，餓肚子的感覺可是很難受的。

如果你是女生，就不需要負責打獵了，而是需要和女性同伴們一起到森林裏採摘些野菜、野果之類的，或者挖些能吃的草根。你要學會分辨哪些植物能吃，哪些植物不能吃，然後把能吃的挑選出來。哎，這是不是很像逛街呢？據説啊，人類學家經過研究發現，女性之所以愛逛街，很可能就是從採集社會時流傳下來的習慣。

在遠古時代，打獵空手而歸是很常見的事，不過森林裏還有很多不會逃跑的食物，這為整個羣體提供了重要的食物保障。所以，女性的地位在當時非常高。除了採集食物以外，女生還有一個責任，就是照顧羣體裏的小寶寶。這件事也非常非常重要，所以説，「世上只有媽媽好」唱得一點都沒錯。

如果今天獵到了一隻羊或捕到了幾條魚，晚上我們就可以好好飽餐一頓了，生起火，把羊肉、魚烤着吃是當時最方便的做法。烤着烤着，食物的香氣瀰漫開來，你有沒有流口水？

吃完飯，是不是該睡覺了呢？很遺憾地告訴你，可能不行，因為你説不定會被安排看管火種。最開始，古人類使用的火都是天然火，它一旦熄滅，要想再次獲得就要看運氣了，所以一定要有人負責看守火種，

隨時往火堆裏面添加樹枝。如果安排你在晚上看守火種的話，你可要打起精神來，千萬不要睡着了呀！

隨着時間流逝，不知道從甚麼時候開始，你吃的東西從烤肉、野果漸漸變成了穀物，比如小米、稻穀。這是因為我們的古人類同伴發現，把小米和稻子撒在一些地方，過上一段時間，它們就長出來了，這要比打獵、採集簡單多了，不用每天都在森林裏跑來跑去。漸漸地，你會發現我們的同伴開始搬到這些穀物生長的地方生活，開始在這些地方搭起一間間簡易的房子，形成一個個原始的小村落。

這時，作為男生的你有了新的任務，你要花大量的時間負責種植和照看莊稼。你會得到一個骨耜（sì，粵音自），相當於現在我們用的鏟子，它可以把土鏟出來，然後你再把一粒粒種子種在裏面，定期照看它們的生長。你耕作的時候肯定會想到「鋤禾日當午，汗滴禾下土」這首詩。

除了照看莊稼以外，你還可以學着做些手工藝，用陶土做一些陶罐、陶盆，用來盛水喝，或者放在火上煮東西吃。如果你足夠有創造力，想做得更好玩一點的話，你可以在這些陶盆、陶罐上畫上一些你看到的小動物。如果這些東西流傳到現在，一定就是博物館裏的藝術品。

如果你是女生，就可以做些最早的紡織工作，你可以拿着用動物骨頭磨成的針，縫一縫獸皮，做一些簡單的衣服。除了照顧寶寶以外，你

還要開始照顧一些動物。因為隨着打獵技術的進步，獵到的動物數量多了，人們會留下一些小動物圈養起來，以便食物不夠的時候食用。後來，有些動物就這樣被馴化成了家畜家禽，有豬和雞、羊和牛，還有人類忠實的夥伴 —— 狗。

　　隨着種植技術越來越成熟，我們的祖先在黃河、長江流域形成了很多大大小小的部落。後來，黃河流域最強的兩個部落炎帝部落和黃帝部落結盟，形成了華夏部落聯盟，而這片土地也即將步入文明階段。

從北京人到山頂洞人

荒野求生 ●●●●●●●●●●●●●●●●●●●●●●●●●●●●●●●●●●

　　大家都知道，中國有着悠久的歷史，那你有沒有想過，這悠久的歷史是從哪裏開始的呢？創造了這悠久歷史的人類，又是從哪裏來的呢？從現在開始，就讓我們一起踏上一段長長的旅程，來揭開歷史的種種祕密。

　　對於人類的來歷，我們的祖先也曾經思考過，只是這個問題實在太難回答了。祖先們猜想是神靈創造出了人類，他們還為此創作出了很多美麗的神話故事。但是後來，一些被稱為生物學家的人給出了新的答案——人是古猿進化來的。

　　這個觀點剛一提出來，大多數人都覺得太可笑了，但隨着考古學家在世界上的很多地方發現了越來越多的古人類化石和遺跡，人們才開始相信生物學家們的説法。

　　就像我們看到路邊有動物的腳印，可以推測出這裏之前有動物經過一樣，考古學家們通過對化石和遺跡的研究，推測出了古人類的相貌和生活的情景。

1929 年，當時只有二十五歲的古生物學家裴文中在北京周口店附近考察時，發現了一個古人類頭蓋骨化石。這個消息一經宣佈就震驚了整個學界。隨後，人們又相繼在這裏發現了很多古人類化石和生活遺跡。因為發現的地點在北京周口店附近，專家們將生活在這裏的古人類命名為「北京人」或「北京直立人」。據專家研究推測，北京人生活的年代大約在七十萬年前。

　　這些「北京人」長甚麼樣子，又是怎麼生活的呢？根據考古學家們的研究和復原，當時的北京人在相貌上仍帶有很多古猿的特徵：他們的眉骨向前凸出，嘴也向前凸，身上的毛髮也遠比現代人濃密得多。

　　不過，北京人已經可以直立行走了，這一點非常重要。因為伴隨直立行走而發生的，就是雙手被解放出來，可以使用簡單的工具了。考古學家在石洞裏發現了各種形狀的石頭，都是北京人製造出來的工具，有的用於打獵時向獵物投擲，有的則用於砍砸、切割。因為當時的人主要以石頭來製造各種工具，所以人們又把他們生活的年代稱為「石器時代」。

　　我們現在每個人都會説話，尤其是我們的老師，一天到晚都要説個不停。然而當時的北京人裏，很少有這種「話癆」。因為他們那個時候還沒有我們現在這樣複雜的語言體系，只能用非常簡單的語言溝通。大家可以回想一下自己剛開始學英語時的情況，是不是只會説「你好」、「再見」、「對不起」這樣的詞？北京人的語言水平也就和大家剛學英語時差不多。

　　北京人的食物來源主要靠打獵和採摘。他們沒甚麼武器和先進的科學技術，面對森林裏爪牙鋒利的劍齒虎，體型巨大的長毛象、洞熊，人們只能發揮集體的力量，互相協作，一起想辦法捕獲牠們。好在還有不少小型動物，比如兔子、野豬等，可以供他們捕獲之後美美地吃一頓大餐。

每次男人們出發去打獵之後，女人們也不能閒着，她們會在洞穴附近尋找各種能吃的野果和野菜。男人們能打到獵物最好，萬一打不到甚麼東西（這種時候比較多），大家就只能靠這些「素食」來充飢。還有的女人則留在洞穴裏照看小孩。北京人對孩子的愛，和今天父母對我們的愛沒甚麼區別，她們也會抱着自己的寶寶，給寶寶餵奶，哄寶寶玩，還要防止蟲子、野獸傷害寶寶。

留在洞穴裏的這些人當中，有一個人的任務是最艱巨的，他負責看管洞穴門口的那堆火。每過一會，他就要往火堆裏添一些柴火，要是遇上下雨，更要保證它不會被雨水澆滅。

對北京人來說，火是最重要的東西。有了火，他們就能吃到熟食，不用整天啃那些又涼又硬還滿是血的生肉，也不用再擔心野獸半夜入侵洞穴，還能讓洞穴裏始終暖洋洋的。可是你能想像嗎？當時他們並不會生火，也沒有火柴、打火機，只能在山林裏起火的時候，取一點自然界的火種保留起來。一旦這團火熄滅了，就必須要等到下一次山裏起火的時候，才能有新的火種。那不知道要等到甚麼時候了，所以他們必須保證火堆永遠在燃燒。

時間一天天過去，北京人不見了，誰也不知道他們去了哪裏。一羣新的古人類來到他們當年生活的地方居住了下來，把家就安在了北京人「家」的「屋頂」，所以人們把這批新的古人類叫作「山頂洞人」。

山頂洞人和北京人居住的地方雖然離得很近，但他們並不是同類，山頂洞人屬於「智人」，是我們現代人的直系祖先，而北京人屬於「直立人」，是另一個人種。

從外貌上來看，山頂洞人已經和現代人幾乎沒有甚麼區別。而且和現代人一樣，他們也愛美。考古學家在山頂洞人的遺址中，發現了許多用動物骨頭、石頭之類的東西做成的裝飾品，那是他們用來裝扮自己的項鍊。

山頂洞人的主要工具依然是石頭，可是他們掌握了更加先進的製作工藝，能夠製造出更加鋒利、結實的石頭工具。此外，山頂洞人還學會了捕魚，從此他們不僅可以在陸地上尋找食物，也可以在水裏捕獲各種水產品。

最最關鍵的是，山頂洞人已經學會了自己生火，也就是說，即便火熄滅了，他們也不用等下一次山火燃起，而是能夠隨時隨地自己製造出火種了。

山頂洞人屬母系社會，也就是說，在一個羣體中，女性才是主要的領導者。他們沒有貧富貴賤的差別，所有人都平等工作，共同分享勞動所得。

從北京人到山頂洞人，一直都是處於「石器時代」。隨着大腦越來越聰明，人類在自然界中也變得越來越強大。

原始人的身高與腦容量

北京人的平均身高比現代人要矮，他們成年男性的平均身高只有 1.62 米，女性的平均身高為 1.52 米。但是到了山頂洞人，平均身高有了很大的提升，男性平均身高達到了 1.74 米，女性平均身高為 1.59 米，基本上和現代人沒甚麼差別了。另外，北京人的腦容量只有 1,000 毫升出頭，而山頂洞人的腦容量已經達到了 1,300 至 1,500 毫升，和現代人也基本相同。也就是說，從北京人到山頂洞人，原始人變得更聰明了。

當時的世界

根據專家測算，北京人生活於距今約七十萬至二十萬年之間。同時期，世界其他一些地方也發現了類似猿人生活的遺跡，其中最著名的就是在歐洲發現的海德堡人。根據測算，他們生活在距今約六十萬至十萬年之間，和北京人一樣屬直立人，會使用簡單的工具。

中華農耕文化的起源

住進房子，安家啦 •

　　大家都知道，中國自古以來就是農業大國，那麼你猜，我們的祖先在甚麼時候就學會了耕田？答案是，距今七千多年前。

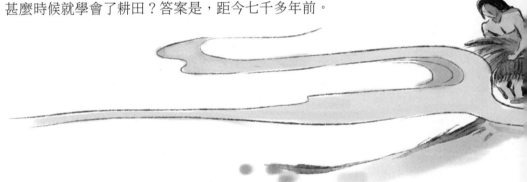

　　前面說過，三萬年前的山頂洞人已經和現代人很像了，而七千年前的長江下游，也就是如今的浙江地區，出現了一種叫「河姆渡」的文化，那時的河姆渡人就已經學會了耕種。

　　北京人主要靠打獵、採摘野菜野果來獲取食物，採摘還好，就是吃得太素，但是打獵運氣的成分非常大。大家可以想像一下這樣的生活：今天運氣好，打到了一頭大野豬，整個羣體的人都吃飽了；可明天也許運氣就不好，在森林裏轉了一天都沒見到甚麼獵物，只能挨餓；後天就更倒霉了，遇見了一頭劍齒虎，只能撒腿就跑，能撿回一條小命就不錯了。所以

靠打獵來生活，辛苦不說，而且又危險又不穩定，總是飢一頓飽一頓的。

後來人們發現，有些植物的種子不僅可以吃，而且把它們埋進土裏，還可以自己長出更多可以吃的種子。只要定期澆水、細心照顧，到了固定季節，就能收穫食物。這樣雖然也辛苦，但比起打獵來，至少收穫是確定的。這樣一來，越來越多的人選擇去種這些植物，這就是最早的農耕生活，而這些植物的種子也正是我們熟悉的各種糧食種子。河姆渡人種植的最主要的農作物就是稻子，也就是我們至今還在吃的大米。

再後來，農作物越種越多，人們有了多餘的糧食，於是又試着活捉一些獵物，把牠們圈養起來，用這些多餘的糧食餵養，讓這些動物生下更多的後代。這樣，人們想吃肉的時候隨時就可以吃了，這就是最早的畜牧業。我們熟悉的狗、豬、牛、羊、雞、鴨等家畜家禽，牠們的祖先本來都

是野生的，後來被人類馴化，又經過一代代漫長演化，才變成了現在的樣子。

河姆渡人居住的地方也不再是山洞，他們學會了自己蓋木房，院子裏還有供豬、羊、水牛居住的「圈」。「家」這個字就是這樣來的，寶蓋頭是屋頂的意思，「豕（shǐ，粵音此）」是豬的意思，這個字是說明，有遮風擋雨的屋子，屋子裏有牲畜，就可以稱為「家」了。

河姆渡人還掌握了燒製陶器的辦法，這也是一大進步。以前的人們雖然會用火，但只會用一種烹飪方式——烤。烤肉雖然好吃，可是天天吃也會膩。河姆渡人能製造陶器，從此就可以把食物放在水裏煮，也可以把食物架在燒開的水上蒸，食物的烹飪方式更多樣了。

燒製陶器的人有不少都是「藝術家」，他們不僅能夠掌控一千多攝氏度的高溫，還能在陶器表面畫上各種好看的花紋，讓人們的生活更有情趣。有些「藝術家」則用木頭雕刻成小魚的形狀，這些東西就是單純用來裝飾的。他們還用骨頭、木頭、石頭製造出了各種精巧的工具，如刀、湯匙、鎚、鏟、矛、碗、筒、小棍、器柄、紡輪、蝶形器等。

除了生活在長江附近的河姆渡人，差不多同一時期，還有一羣人生活在黃河流域，他們叫「半坡人」。半坡人和河姆渡人一樣，以種地、打魚為生。

半坡人生活的村莊很大，村子裏有五百多人，「村長」一般是德高望重的年長女性。在這樣的村莊裏，除了大家的住宅，還有三個重要的場所。第一是廣場，平時大家要商量甚麼事情，就會聚集到這個廣場上；第二是製造陶器的工坊，這意味着當時的陶器製造已經有了很大的規模；第三是墓地，半坡人已經擁有了公共墓地，族人死後，他們就會將其埋葬在公墓裏。

前面講過，河姆渡人主要是種植水稻，半坡人主要種植的農作物則是「粟」，也就是人們經常說的小米。大家吃過就知道，小米不如大米好吃，但種植大米需要大量的水資源，北方不具備這樣的自然條件，所以只能種小米。好在小米的生命力很頑強，又抗旱又抗寒，起碼收成有保證，能讓人填飽肚子。所以，小米在歷史上足足當了中國人上千年的主食。

半坡人還有一項重大的發明——弓箭。之前的原始人的打獵方式，要麼是拿木頭棒子打，要麼就拿石頭砸，反正都是得接近獵物之後，才能打倒牠們。如今有了弓箭，半坡人可以離得遠遠地射殺獵物，所以他們無論是打獵還是打仗，都比從前的人厲害得多。

半坡人的陶器也和河姆渡人一樣，上面繪製着一些圖案，有些圖案是代表特殊含義的符號，這便是文字的前身。他們還會把自己崇拜的動物畫到陶器上，這叫「圖騰」，用圖騰來代表自己的追求。有些喜歡音樂的半坡人，還用陶器製造出了一種叫陶塤（xūn，粵音喧）的樂器，沒事做的時候，可以吹奏一曲美妙的音樂……

河姆渡人、半坡人，雖然遠隔千里，但是他們都成功地發展出了更先進的農耕文明。與此同時，這些生活在不同地方的人，也逐漸產生了「部落」的概念，簡而言之就是有了「自己人」和「敵人」的概念。

隨着各個部落不斷發展壯大，他們之間開始產生了一些聯繫和衝突。戰爭也就不可避免了。

人面魚紋彩陶盆

　　人面魚紋彩陶盆，1955 年出土於陝西西安半坡遺址。為新石器時代前期陶器，現收藏於中國國家博物館。

當時的世界

　　河姆渡文明與半坡文明分別距今約七千年和六千年，屬於新石器時代。當時世界很多地方也出現了相同的文明跡象，其中最有名的當屬距今約五千年前在美洲出現的瑪雅文明。

黃帝的傳說

第一位「天子」 ••••••••••••••••••••••••••••••

　　上一節講到，幾千年前，華夏大地的不同地區出現了許多原始部落。最開始的時候，每個部落的人都很少，互相住得又非常遠，再加上那時候交通不便，沒有車、沒有路，大家只能在自己的那一小塊區域內活動。後來，隨着部落的規模越來越大，領地範圍也越來越大，終於，不同的部落相遇了。

那時候的人由於沒有文化，不懂謙讓、互助、友好相處這樣的品德，他們會像動物那樣互相爭搶，搶地盤、搶食物，戰爭就是這樣打響的。在戰爭中，勝利的一方會吞併失敗的一方，勝利方的部落因此越來越大，失敗的部落則就此消失。

　　就這樣互相吞併到最後，中原地區終於出現了兩個超級大部落，其中一個部落的領袖叫黃帝。相傳黃帝本來姓公孫，後來搬家搬到了軒轅山下，人們又叫他軒轅氏。大家經常在各種神話故事中聽到「軒轅」這兩個字，比如「軒轅劍」之類，其實都和黃帝有關係。據說，黃帝是個天才兒童，出生才幾十天就會說話，他成年之後繼承了父親少典的位置，成了部落的新領袖。

　　另一個部落的領袖叫炎帝。相傳炎帝姓姜，長着牛頭，他曾經拿自己做試驗，親自嚐過各種各樣的植物，就為了幫大家分辨哪些植物可以吃，哪些植物可以治病，又有哪些植物是有毒的。因為炎帝為農業作出了巨大貢獻，所以後人把他尊為農業神，也就是「神農氏」。

一開始的時候，黃帝、炎帝這兩個部落相互為敵，經常發生戰爭。後來，黃帝部落打敗了炎帝部落，兩個部落也就合二為一，形成了「華夏族」。華夏族是大部分中國人的祖先，所以直到今天，我們中國人還會自稱「炎黃子孫」或「華夏兒女」。

除了華夏部落之外，當時中國北方還有一個很大的部落，他們的首領叫蚩尤（chī yóu，粵音痴油）。傳說蚩尤極其驍勇善戰，後來被尊為「兵主」，也就是戰神。黃帝、炎帝曾經和蚩尤在一個叫涿（zhuō，粵音琢）鹿的地方展開大戰，這就是中國歷史上第一場大規模戰爭——「涿鹿之戰」。

歷史學家們推測，「涿鹿之戰」大概發生在四千六百年前，由於年代過於久遠，人們在描述戰爭的時候難免會添油加醋，所以「涿鹿之戰」帶有很強的神話色彩。傳說黃帝平時馴養了熊、羆（pí，粵音悲）、貔（pí，粵音皮）、貅（xiū，粵音憂）、貙（chū，粵音書）、虎等各種猛獸，打仗的時候就把牠們放出來助戰。不過有觀點認為，這些猛獸其實是以猛獸命名的各個部族。而蚩尤就更厲害了，傳說他有八十一個兄弟，個個銅頭鐵額，能吃沙子、石子，後世人則認為，這裏指的也許是八十一個部族。

相傳蚩尤還請來了風伯、雨師兩位神靈，兩軍交戰時他們就召喚來暴風雨，黃帝的士兵都被淋成了「落湯雞」，個個苦不堪言。黃帝於是請來天女魃（bá，粵音baat6）作法，止住了風雨。蚩尤又召喚來了大霧，黃帝的士兵都分辨不出方向，沒法再打仗。黃帝手下一個叫風后的人根據磁鐵的原理，發明出了「指南車」，黃帝的軍隊此後就不迷路了。

最終，黃帝打敗了蚩尤，中原地區的大部分部落都表示願意歸順，黃帝就這樣成了中國歷史上第一位「天子」，意思就是「上天的兒子」，根據上天的旨意統治中原。據說黃帝後來還發明了許多物品：宮室、車、船、衣裳。他的妻子嫘（léi，粵音雷）祖則發明了養蠶、繅（sāo，粵音蘇）絲（即煮繭抽絲）、織帛。歷史學家們推斷，這些其實是許多人合力發明出來的，但人們因為崇拜黃帝，就把這些發明都歸到了他的名下。

慢慢地，人們生活得好了，就有了精神方面的需求，想把身邊發生的事情記錄下來，可是當時並沒有文字。於是黃帝又命令一個叫倉頡（jié，粵音竭）的人造字。倉頡仔細觀察世間萬物，把它們的形象簡化成可以

用來書寫的符號，例如「日」字就是圓太陽的樣子，「月」字就是一彎月牙的樣子，「人」字就是一個人垂手而立的樣子⋯⋯相傳，倉頡造好字之後，連上蒼都被感動，特意下了一場「糧食雨」，無數小米粒像雨點一樣紛紛掉下來。那些鬼怪們也被嚇到了，半夜裏哭個不停。因為它們覺得人類掌握了文字，也就能洞悉天地間的一切祕密，和自己有着同樣的力量了。這就是「天雨粟，鬼夜哭」的傳說。

傳說當然不是真的，但所謂「倉頡造字」的那些字，的確都是根據世間萬物的形狀造出來的，所以它們又叫「象形字」。後來，象形字又逐漸演化、發展，成了我們今天所使用的漢字。

正因為黃帝命令倉頡造出了文字，人們才可以通過文字來記述歷史上發生的重要事件，並從中總結出經驗和教訓，傳播知識和文化，老祖宗們的智慧才能得以不斷傳承。因此，人們又把黃帝稱為「中華人文之祖」。

三皇五帝都有誰？

你有沒有聽過一句話「話說盤古開天地，三皇五帝到如今」？

三皇五帝都有誰呢？他們是上古時期的神話人物，說法不一，在最早記錄「三皇五帝」的《史記》中，三皇為天皇、帝皇、人皇，五帝則是黃帝、顓頊（zhuān xū，粵音專旭）、帝嚳（kù，粵音菊）、堯、舜。

當時的世界

相傳黃帝建立的華夏部落聯盟距今約四千六百年。同一時間，蘇美爾人在西亞的兩河流域（幼發拉底河和底格里斯河之間）定居，種植小麥，馴養家畜。但是當時他們還沒有創造文字，所以還不能稱之為文明。

堯舜禪讓

高風亮節的上古賢人 ●

前面我們講到，中原地區的各大部族都歸順了黃帝，把他奉為共同的首領。後來黃帝的子孫裏又出現了一位偉大的領袖，他就是堯。按輩分來講的話，堯是黃帝的第五代傳人，是華夏部族的首領。

史書上說，堯雖然是部族的首領，但沒有給自己修建豪華的宮殿，也從來不穿華美的衣服，而是和其他所有人一樣，住在茅草房裏，吃糙米、野菜，夏天穿粗麻做成的衣服，冬天就披一塊鹿皮保暖。看到這裏，你可能覺得堯生活非常簡樸。其實真實原因很可能是當時人們的生活就是這樣的水平，就連堯這樣的首領，在吃穿住這些方面也沒甚麼更好的享受。

堯是一位勇猛的戰士，他曾經帶領部族去討伐南方的蠻族，在戰場上所向披靡，成功擊敗了敵人。「后羿射日」的故事大家肯定都聽說過，故事中的后羿正是堯的手下。傳說，那時候天上出現了十個太陽，人們熱得受不了，堯便命令神箭手后羿去射太陽。后羿一連射下九個太陽，只留下了一個，人們才得以繼續生活下去。

　　憑藉自己的功勞與才能，堯得到了部族上下的一致尊敬，在大家眼裏，堯就和自己的父親一樣。可是堯自己的兒子卻一點也不讓他省心。堯的兒子叫丹朱，他仗着父親是首領，天天胡作非為，不是今天把這個人打了一頓，就是明天搶了別人家的東西。堯平時要治理整個部族，工作很忙，也沒工夫管教他，導致這個兒子越來越無法無天。

　　隨着堯的年齡越來越大，他開始考慮退位，選一位新首領接自己的班。很多人建議他選兒子丹朱，堯不假思索地拒絕了，他說：「我那兒子太不成器，他連自己都管不好，怎麼能管理這麼大一個部族呢？」他讓大家推舉一個賢德的人來接替自己。大家最後推薦了一個叫舜的人。

　　堯並沒有馬上把大權交給舜，而是把自己的兩個女兒娥皇、女英嫁給他，還派了九個手下到舜的身邊，去觀察他的一舉一動，直到確信舜的確是一個賢德之人後，才把自己首領的位子禪讓給了他。為了防止丹朱不服，堯還特意下令把丹朱流放到南方的偏遠之地，也就是如今的湖南一帶。

說起來，舜這個人很不一般。傳說他每隻眼睛裏都有兩個瞳孔，這叫「重瞳」。他的父親覺得這孩子很怪異，因而不喜歡他。後來，舜的母親死了，他父親給他娶了一個後母。這後母也是個滿肚子壞水的女人，她和舜的父親聯合起來，千方百計想要殺死舜。

有一天，舜的父親藉口房子漏雨，讓舜爬梯子上房修屋頂。可舜剛一上屋頂，父親就突然把梯子搬走，然後一把火把房子點着了。舜馬上意識到，老爸這是要烤了自己啊。眼看火勢越來越大，舜急中生智，拿着兩個大斗笠當翅膀，像一隻大鳥一樣從房子上「飛」了下來，逃走了。

父親失敗了一次還不甘心，又想出一個主意。這天他對舜說，家裏水不夠喝了，讓他去挖口井。舜於是賣力地挖起井來。等井挖得很深時，父親就搬起一塊大石頭堵住了井口，想把舜活活困死在裏面。沒想到舜向旁邊橫着挖出一條隧道鑽了出來，又安全地回家了。

天下哪有這樣對待自己孩子的父母？誰碰到這樣的父親都會斷絕父子關係了。可是舜是個大孝子，他明知道父親想要害他卻仍然不記仇，依舊很孝順父親，最後把父親給感化了，使他再也不想害死兒子了。

舜的這些故事流傳開來後，大家都覺得他品德高尚，非常尊敬他。堯去世之後，舜就理所當然地成了華夏族的首領。但這時，堯的兒子丹朱還活着，他一直對父親的決定懷恨在心，覺得首領的位子應該是自己的，於是想要興兵作亂。舜擔心丹朱造反會導致天下大亂，就主動把首領的位子讓給了丹朱，自己則退位回故鄉去了。

可是，天下諸侯都信服舜而不服丹朱，就算舜把首領之位讓給了丹朱，諸侯們仍然只去朝見舜，根本就不怎麼搭理丹朱。舜知道，自己已經贏得了天下人心，沒有人會跟着丹朱反對自己，所以三年之後，他又重新當上了首領。丹朱也看出來自己的威望實在比不上舜，只好主動退位，回到了南方。

舜繼位後，任用賢良的人管理國家，制定了人們必須要遵守的律法，組織人們一起工作，讓人民過上了更好的生活。舜還經常在各地巡遊，為當地的百姓們排憂解難。晚年他巡遊到蒼梧（今湖南省寧遠縣）之野的時候，在那裏病故了。

他的兩個妻子娥皇、女英聽説了這個消息，立刻趕到那裏。見丈夫已死，娥皇、女英哭得特別傷心，眼淚灑到了當地的竹子上，導致竹子上面似乎有斑斑淚痕。由於她們有「湘妃」之稱，後世便將這種竹子稱為「湘妃竹」。

知識加油站 文化

陶寺都城遺址

　　陶寺都城遺址位於今山西省襄汾縣陶寺村南，據考證建於距今約四千三百至四千年。這座大型城址中部有一個圍牆環繞的宮城。城內發現有多處大型夯（hāng，粵音坑）土建築。城內還發現兩處高等級的墓地，墓地中出土有大量陶鼓、石磬、玉鉞（yuè，粵音月）、龍盤等表明墓主人尊貴身份的禮器，並在其中一件陶壺上發現了刻畫符號。

　　在遺址中還發現了很有可能是觀測天象、確定節氣的觀象台。有專家從陶寺遺址所處的位置和存在的時間推論，這座大城很有可能是堯帝的都城平陽，認為當時的黃河中游地區已經出現了早期國家。

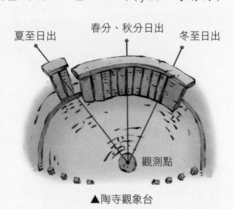

夏至日出　春分、秋分日出　冬至日出

觀測點

▲陶寺觀象台

當時的世界

　　堯去世於公元前 2200 年左右。當時，在印度河的上游也誕生了一個比較先進的文明——哈拉帕文明。哈拉帕文明在鼎盛時期非常發達，但奇怪的是，到了公元前 1750 年左右，這個文明突然毀滅，消失在歷史的長河中。

大禹治水

工作到不回家的人 ······················

　　在堯、舜的那個時代，中原大地發生了一場嚴重的洪水災害，許多農田被淹沒，房屋被沖垮，牲畜被淹死，受災的人們都失去了家園，流離失所。

當時是堯當部族的首領，他看到這種情形非常着急，趕忙召集大家一起商量對策。於是大家共同推選一個叫鯀（gǔn，粵音滾）的人負責治水。傳説，鯀得到了一包神奇的土壤「息壤」，撒下去之後，土壤能自己生長，很快就能變成一座堤壩攔住洪水。這雖然是傳説，但也能看出，鯀治水主要是靠「堵」的方式。他帶着手下沒日沒夜地忙碌，然而整整忙了九年，大水依然泛濫。

後來舜接替堯當首領，他檢查了鯀治水的成果，這才發現問題，於是撤了鯀的職，把他流放到一個叫羽山的地方。鯀最終死在了那裏。

舜懲罰了鯀之後，需要物色新的治水人選，大家又推薦鯀的兒子禹。禹接過了這個任務，感到壓力很大，大家應該能理解他這時的感受：一方面，禹需要替父親洗刷治水失敗的恥辱；另一方面，自己一旦不能治理好水患，很可能也會落得和父親一樣的下場。所以，這是一個只許成功、不許失敗的任務。

禹帶着伯益、后稷等幾個幫手出發了。但他並沒有急着去治水，而是先走遍了大江南北，去各地勘察地形、了解災情，搞清楚父親當年到底失敗在哪裏。這一路走得非常辛苦，如果是沒有水的地面還好，他們可以乘車；如果是在水面，就得乘船；要是在泥沼中行走，得乘一種木橇；如果是山地，還得換上帶齒的木鞋。

每到一個地方，禹就立木樁作為標誌，左手拿着測量工具「準」和繩，右手拿着「規」和「矩」測量。通過一番探查，禹終於弄明白了，當洪水來臨時，像父親鯀那樣靠「堵」是堵不住的，必須要靠「疏」來解決問題。所謂的疏，就是疏通河道、拓寬峽谷，好讓洪水更快地通過人們的居住地，流淌到大海中。

找到治水的方法後，禹就帶領着人們開始工作。大家知道，禹的那個時代肯定是沒有挖掘機那樣的大型工程設備的，可大家未必知道，那時就連鐵鏟、鐵鎬都沒有。當時人們還沒有掌握鐵的冶煉技術，用的工具都是簡陋的石斧、石刀、石鏟、木耒（lěi，粵音類），使用起來很吃力，也很費時。

今天的河南省有一個地方叫三門峽，黃河從這裏流過，有一處河道非常狹窄，河中間卻立着一座山。傳說這就是當年禹治水時留下的，叫「砥柱」山，「中流砥柱」這個成語就來自這裏。

每當把一個地區的河道疏通好，禹就給當地百姓們分發稻種，讓其將稻種種植在低窪潮濕的土地上，又讓后稷賑濟吃不上飯的百姓。如果某地糧食匱乏，禹就讓一些地區把餘糧調到這裏，以便各部族都有糧食吃。禹一邊行進，還一邊考察各地的物產情況，規定了應該向天子交納的貢賦，並考察了各地的山川地形，以便弄清諸侯朝貢時交通是否方便。

禹治水期間，每天泡在水裏，風吹日曬雨淋，整個人黑瘦得像一截燒焦的枯樹一樣，大腿瘦得都沒甚麼肉了，小腿上的汗毛也都磨光了。

禹就這樣忙忙碌碌，相傳他幾次路過家門口都沒有時間回家去看一看。他第一次路過自己家，聽到小孩的哭聲，很想回去親眼看一看自己的妻子和孩子，但是想到治水任務艱巨，還是強忍住沒有進去。後來他又有兩次路過家門，也沒有時間回去。這便是「三過家門而不入」的故事。

禹帶領大家奮戰了十幾年，終於治服了洪水，使天下百姓重新過上了安居樂業的日子。等到水患平息後，他就把天下劃分成幾個大的區域，每個區域叫一「州」，共分為九個州：青、兗（yǎn，粵音演）、徐、揚、梁、豫、冀、荊、雍，這就是「九州」的由來。九州的名字有些今天還在用，如揚州、荊州；有的雖然不用了，但還是某個地方的代名詞，比如冀州對應河北，而今天河北的簡稱仍然是「冀」，豫州指的是河南，所以河南的簡稱叫「豫」。

把天下劃分成九個州之後，禹又命令每一個州都敬獻一些青銅，用九州的青銅鑄造成了九個大鼎。這九個大鼎後來都放在夏王朝的都城裏，象徵着天下一統。鼎就此成為國家的象徵，只有中國的最高統治者才有資格保存它們。

大家感激禹治水的功勞，尊稱他為「大禹」。等到舜年老後，也像堯一樣召集大家開會，商議選誰當繼承人。大禹因為治水有功，很多人都推選他，舜於是就把首領的職位禪讓給了大禹。

史前大洪水

　　世界上許多國家都流傳着古代暴發大洪水的傳說。《聖經》上就記載着這樣一個故事：很久以前暴發了一場大洪水，一個叫挪亞的人建造了一艘很大的船，把人和動物都裝到船上，躲過了洪水。根據專家統計，全世界共有五十多個神話傳說記載了那場史前大洪水。由此可見，當時的洪水災害是一個世界性的難題。

當時的世界

　　與大禹同時代的古埃及，大權掌握在一個叫麥然拉二世的法老（君主）手中。這位古埃及的法老，上位之後不久就被手下給謀殺了，他的妻子尼托克麗絲繼承了他的位子，成為古埃及歷史上第一位掌握實權的女王。

穿越指南 ➡ 夏、商

你如果去到華夏部落聯盟，第一件事就是可以打聽打聽倉頡這個人，去拜訪一下他，看看他是不是真的有四隻眼睛，看看他發明的文字到底是甚麼樣子的。你也可以去拜訪嫘祖，傳說會吐絲的蠶寶寶就是她教人們養的。這個時期還產生了最早的音樂和樂器、最早的天文和曆法、最早的獨木舟。如果你感興趣的話，可以多住些日子，替我們今天的人類考察一下這些傳說是否都是真實的。

現在，我們要進入下一個階段，去到中國歷史上第一個王朝 —— 夏王朝。中國從這時開始有了王，很多專家認為，在二里頭遺址發現的宮殿就是夏王居住

的。那時的人們又燒製出了很多新樣式的陶製器皿，比如簋（guǐ，粵音鬼），可以用來盛飯食，還有了用來盛酒的觚（gū，粵音菇）。酒？對，當時的人們已經學會釀酒了，只是酒的度數非常低。

當時的人們已經成功馴化了另一種動物：馬。只是當時我們的祖先並沒有掌握騎乘技術，都是用牠來拉車。不過，當時大多數人還只能靠自己的雙腳走路，只有少數貴族才可以乘馬車出行。

關於華夏部落和夏王朝，我能告訴你的就只有這麼多了，剩下的就要靠你去探索了。到目前為止，可靠的夏朝考古資料很少，有的人還在懷疑夏王朝是否真實存在，專家老師們也還在不斷地研究中。

夏王朝以後就是商王朝了，由於
殷墟的發現，我們已經確切知道商朝
是真實存在的。商代的紡織業已經非常
發達了，他們用葛、麻紡織成布，製作
衣裳，並且用上了蠶絲。在商代，人們上
身穿的叫作「衣」，衣領開向右邊，叫「右衽
（rèn，粵音任）」；下身穿的叫作「裳」，類似現
在的裙子。除此之外，還要在腰部繫上一條寬大的腰
帶，肚子前面再圍一條很像如今圍裙一樣的「韍（fú，粵音
忽）」，用來遮蔽膝蓋。也正是因為下身穿的是裳，所以當時的人們都
習慣於跪坐，慢慢還形成了一種禮節。

　　商代的青銅器製作技術已經十分成熟了，我們在博物館裏看到的青
銅文物，在商代已經十分普及了。不過，有一個東西的使用一定會讓你
驚歎，那就是筷子，當時叫作箸（zhù，粵音住）。商代的時候，人們已
經用青銅製成箸，配合匙（類似於現在的湯匙）吃飯。

　　去到商代，你住的房子和如今我們在一些地方見到的古代房屋已經
沒有甚麼區別了，一些貴族甚至還住上了原始的四合院。最令人讚歎的
是，當時的人們已經會建排水溝，安裝排水管道排放污水、廢水了。

　　商代已經產生了文字，就是我們現在看到的甲骨文。你可能要問
了，當時的文字我看不懂怎麼辦呀？別擔心，甲骨文其實並不難，很多
都是象形文字，就好像畫畫一樣。比如當時的人想要一頭牛，就會畫一

個簡易的牛頭；想去看月亮，就會畫一個小月牙。如果你對甲骨文有興趣的話，可以去當時的學校學習學習。聽到「學校」這個詞，你會不會頭疼呢？大可不必，雖然當時已經有少數幾所官辦的學校，但是學的並不是複雜的數學、難寫的作文，只是教你認識一些文字，學習一些禮儀而已。

夏朝的建立

家天下 ···

　　大禹成為華夏部族的首領後，帶領軍隊打敗了周圍許多其他部落，進一步擴大了華夏部族的統治範圍。在他的治理下，天下持續了一段太平日子。然而，大禹雖然可以治服洪水、戰勝敵人，卻無法打敗時間。不知不覺，大禹也老了，他開始考慮接班人的問題。

　　一開始，大禹想讓皋陶（gāo yáo，粵音高搖）接替自己。皋陶是司法官，專門負責判案，是一個非常公正的人。但皋陶不幸在大禹讓位前便死了，大禹很傷心，又決定選皋陶的兒子伯益接班。早在大禹治水的時候，伯益就追隨在大禹身邊，功勞不小。

　　做好這個安排後，大禹一生中最後一件大事，便是來到今天浙江紹興的會稽（kuài jī，粵音潰溪）山，在這裏召集天下所有部族的首領，聽他

們匯報各自的工作，收取他們進貢的財物，據説「會稽」這個地名就是後來「會計」一詞的由來。

　　會稽山大會還有個插曲，當時有個叫防風氏的首領一直不服大禹的統治，故意來晚了，大禹便下令將他處死，用來警告其他那些不肯服從自己的部族。相傳防風氏是個非常高的巨人，後來到春秋時期，會稽山出土了一副巨大的骨骼，骨頭裝了整整一車，孔子將其認定為防風氏的遺骸。

　　大會之後，大禹就去世了，屍體被埋葬在會稽山。據説專門有一羣飛鳥來守護他的陵墓，春天啄走墳丘上生長的野草，秋天啄走那些落葉枯枝。當地百姓也都注意保護這些鳥，從不去捕捉牠們。

　　按照大禹的安排，應該由伯益來當新首領。然而大禹的兒子啟，也有了當首領的念頭。

　　啟的身世也有一段神話傳説，據説他的母親來自塗山氏的部族，叫女嬌。在大禹治水的時候，有一次女嬌給大禹送飯，大禹正化作一隻狗熊在

挖土鑿石。女嬌沒認出丈夫，嚇得轉身就跑，居然化成了石頭。當時她正懷着孕，這一嚇就把孩子嚇出來了。大禹知道這就是自己的兒子，趕緊一把抱住。由於孩子是從「啟開」的石頭裏「生」出來的，所以大禹給他起名為「啟」。

啟長大之後，非常希望能夠像父親一樣，成為天下的首領，所以大禹死後，他決定違背父親的遺願，將首領之位從伯益手中搶過來。

當時的禪讓制有一個環節：新首領即位之前，要先把這個位子讓給舊首領的兒子，自己躲到另一個地方去，直到各部族的首領都來朝見自己，才能正式當上首領。之前堯舜禪讓，舜就先把首領的位子讓給堯的兒子丹朱，自己躲到別處；舜禹禪讓，禹也先把首領的位子讓給舜的兒子商均，自己躲到別處。

現在大禹去世了，按照這個慣例，伯益也是先把首領的位子讓給啟，自己躲到了箕山之南。伯益本來覺得這就是走個形式，大家肯定都會來朝見自己。沒想到，偏偏這回出了問題。

伯益等了一天又一天，來朝見自己的首領始終只有那麼幾個。他一打聽才知道，原來大部分首領都去朝拜啟了。顯然，啟早就做好了準備，事先把首領們都拉攏了過來。

啟這樣做，當然也有支持伯益的部族不服氣，一個叫有扈（hù，粵音護）氏的部族就起兵反對他。啟親自領兵前去征討，雙方在一個叫甘的地方相遇了。開戰之前，啟特意寫了一篇動員令《甘誓》，給將士們打氣。他說：「有扈氏蔑視仁義道德，所以上天要他滅亡。如今我們代表上天的旨意懲罰他們，你們要聽從我的命令，奮力迎戰！」說完之後，他命令全軍出擊，擊敗了有扈氏，並把他們整個部族都滅掉了。伯益後來也被啟殺害了，不過他的子孫仍然一代代繁衍下去，成為後世的秦部族。

從此，所有的首領都來朝拜啟，沒人再敢反對他。啟把自己家族的姓氏「夏后氏」作為部落聯盟的稱號，這就是夏王朝的由來。他很明確地告訴臣子們：「你們別指望我會把王位禪讓給其他人了，將來只有我的兒子才有資格繼承我的王位，我兒子死了有我孫子，我孫子死了有我曾孫，這王位是我們家的了！」

從啟開始，禪讓制的時代結束了，父傳子、子傳孫的世襲制成為歷代王朝唯一的繼承方式，「家天下」的時代就此開啟。

知識加油站 文化

伯益與《山海經》

中國古代有一部非常著名的志怪典籍，叫《山海經》。這部書介紹了山川、地理、民族、物產、藥物、祭祀、巫醫等許多古代的知識，另外還記載了許多神祕的地方和神奇的動植物，內容真真假假難以辨明，歷來被人們視為一部奇書。而根據傳說，這本書的作者正是我們上文中提到的大禹指定的繼承人伯益。

◀九尾狐
《山海經》記載的一種神獸，有九條尾巴，叫聲像嬰兒的哭聲。很多文學、動漫作品中都有九尾狐的形象出現。

當時的世界

夏朝建立的時間，大約在公元前 2070 年。它是我國歷史上第一個王朝。同時期古埃及正處於第十一王朝。公元前 2040 年，古埃及國王孟圖霍特普二世統一埃及，古埃及進入中王國時期。

太康失國

野心家的「奮鬥史」 ●

　　前面我們講過「后羿射日」的傳說。那麼你們知不知道，歷史上真正的后羿是個甚麼樣的人？想要了解后羿，還得從啟這個人說起。

　　上節說到，啟從伯益那裏奪取了首領的位子，建立了夏朝。後來啟死了，他的兒子太康繼承了王位。太康既沒有爺爺大禹治水的本領，也沒有父親啟的手腕和心機，一天到晚就知道吃喝玩樂，懶得治理天下。這讓后羿看到了機會。

后羿本來是一個小部族有窮氏的首領。在關於后羿的傳說中，有一點是真實的——他的確是個神射手，打仗很厲害。一直以來，后羿都覺得像自己這樣厲害的人物，怎麼可以只做一個小部族的首領呢？他也想執掌天下，於是針對太康設計了一個陰謀。

這天，太康又像往常一樣，放着國家大事不管，帶着一幫人去外地打獵。后羿趕緊帶着軍隊來到了夏朝都城附近，悄悄潛伏在太康返回的路上，等着他自投羅網。

等了又等，太康一行人終於帶着打到的獵物，喝着酒、唱着歌出現了。這時候，后羿和他的部隊如同「攔路虎」一般跳了出來，突然向太康進攻。太康雖然也帶了不少手下，但是沒有任何防備，立刻被打得落花流水，夾着尾巴逃跑了。這就是「太康失國」的故事。太康在外流亡了整整二十七年，最後病死了。

緊接着，后羿率領手下進攻夏朝的都城。都城裏羣龍無首，亂作一團，太康的手下死的死、逃的逃、降的降，后羿輕而易舉地拿下了都城。

后羿想要當王，但是又害怕夏朝的其他貴族不支持自己，於是想了個辦法——讓太康的弟弟中康當王，自己則暗中控制中康。這中康和他哥哥一樣，是個除了吃喝玩樂甚麼都不會的「飯桶」，雖然當上了王，但是自己卻做不了主，事事都得聽后羿的安排。所以，后羿雖然不是王，卻有了王的權力。

中康成為夏王七年之後便一命嗚呼了，他的兒子相繼承了他的王位。相不願意像父親那樣在后羿手下當個任人擺佈的傀儡，乾脆放着王位不坐，逃到了外地。

相逃走了，后羿覺得自己稱王的時候到了。當年趕跑太康時，他的勢力還不夠大，強行登上王位大家都不服，很可能會聯起手來反對自己。如今他專權了這麼多年，朝內朝外都受自己控制，直接稱王應該順理成章了。就這樣，后羿登上了王位。

可是沒過多久，后羿也麻痺大意起來。他覺得天下沒人再敢反對自己，於是整天背着弓箭到處打獵，國家大事全都交給一個叫寒浞（zhuó，粵音鑿）的人處理。

寒浞一樣不是甚麼好人，他從小就非常頑劣，經常攪得四鄰不安。父母批評他幾句，他居然把父母都綁在家中，自己繼續出去為非作歹。後來，族長將他驅逐出自己的部落。

寒浞被驅逐之後，便去投奔后羿，途中遇到一位「武林高手」。這個人很喜歡他，便將自己的武藝全都教給了他。誰知道寒浞非但不感恩，還在學成武藝之後，下毒殺死了師父全家。

之後，寒浞便來到了后羿身邊，逐漸掌握了大權。他想：「既然你后羿能取代夏朝的王，那我為甚麼不能取代你當王呢？」於是，寒浞趁着后羿外出打獵的時候，把他的一家老小全都殺了，等后羿回來後，他把后羿也殺了，自己坐上了王位。

寒浞坐上王位後，為了防止夏朝後代對自己不利，又命人找到了逃跑的相，並殺死了他。

做完這些，寒浞以為這回自己可以坐穩王位了。他卻沒有料到，夏后氏還有繼承人成了「漏網之魚」，這個繼承人很快就要來找他的麻煩了。

夏曆

　　大家知道農曆嗎？它是我國特有的一種用年、月、日計算時間的方法。我國自古以來就是農業大國，人們以太陽、月亮運行的規律作為依據，來確定應該甚麼時候播種、甚麼時候收穫，漸漸計算出了年、月、日。夏曆就是我國最早的曆法，相傳是在夏代創立的，因此而得名，它以月球繞行地球一周為一月。在夏曆的基礎上，人們又計算出一年的時間約為 365 天。

當時的世界

　　在后羿那個時代，發源於兩河流域的古蘇美爾文明已經走向了滅亡。蘇美爾文明是一個非常古老的文明，他們發明了車輪，修建了巨大的神廟，還掌握了冶煉青銅的技術，被稱為人類歷史上「最早的文明」。

少康中興

「漏網之魚」的逆襲 ·

　　前面講到寒浞當上了王，為了根除後患，殺死了中康的兒子相。

　　可寒浞沒想到，自己的手下去殺相的時候，相的妻子后緡（mín，粵音民）卻悄悄從城牆下面的一個小洞鑽到了城外，然後逃回了娘家有仍氏部族，躲過了一劫。當時，后緡正懷着孕，後來生下了一個孩子，歷史上管這個孩子叫少康。

　　少康小時候並不知道自己是夏王的後裔。因為后緡知道，這件事一旦傳揚出去，寒浞一定不會放過少康，非得殺了他不可。於是，少康年少

時只在有仍氏當一個叫牧正的小官，其實就是負責飼養牲畜的。直到長大後，他才得知自己的身世，從此立下為父報仇、奪回王位的志向。

少康還沒來得及發展自己的勢力，寒浞就先聽説了這事，趕緊派兒子澆帶着大隊兵馬去殺少康。少康只好逃到了一個叫有虞氏的部族中，在這裏當了一名庖正，也就是廚師。

這個有虞氏可不簡單，他們的祖先不是別人，正是曾經當過華夏族大首領的舜。當年，舜把首領的位子禪讓給了大禹；如今，舜的後代又收留了大禹的後代。這麼一看，舜的家族還真是大禹家族的恩人。

有虞氏的人對少康非常好，他們不僅收留了少康，還把部族首領的女兒嫁給了他。少康從此成了有虞氏的「駙馬」，要人有人，要地盤有地盤，就連寒浞也不敢再輕易來追殺他了。少康終於開始着手復國。

當時，有一位夏朝的老臣伯靡為了躲避寒浞，逃亡到了有鬲（gé，粵音格）氏部族，少康與他聯合起來。寒浞還曾滅過一些部族，這些部族還有不少族人都在四處逃難，少康也吸納他們加入了自己的軍隊。

此時的寒浞年紀已經大了，他把大部分權力都給了兩個兒子，澆和豷（yì，粵音隘）。少康針對這兩個人展開了「間諜戰」，派出人手潛伏在他們身邊。如此一來，澆和豷的一舉一動，都盡在少康的掌握之中。

後來，少康又打算用計謀除掉澆。他先是派刺客去刺殺澆，沒想到澆當時正好穿着鎧甲，結果刺殺失敗了。少康又趁着澆出外打獵，讓刺客帶着一大堆惡犬去圍攻他。澆這回沒辦法，只好倉皇逃竄，最後被惡犬咬死了，頭顱也被砍了下來。

少康除掉了澆，又率領大軍去進攻豷。豷更是個有勇無謀的蠢人，少康的軍隊很輕易就打敗了豷，豷自己也在亂軍叢中被殺了。

殺死了寒浞的兩個兒子之後，少康直奔寒浞的都城而去。此時的寒浞再沒有了當年的勇猛。他聽説少康的軍隊打過來了，躲在宮中不敢出來。寒浞的下屬都覺得這老頭子肯定要完蛋，為了保命，不等少康的軍隊攻城，他們先發起了叛亂，將寒浞綁起來送到少康面前。寒浞最終被處死了。

少康當上了夏王，總算為自己的父親、爺爺報了仇。夏朝從太康到少

康，歷經后羿和寒浞的篡權，混亂了近一百年，這才終於恢復了安定，歷史上稱為「少康中興」，「中興」就是中途復興的意思。這也是中國歷史上第一個以「中興」二字命名的時代。

知識加油站 文化

酒

　　早在夏代，我國就發明出了釀酒技術。相傳少康非常擅長釀酒，並改進了釀酒技術，因此被稱為釀酒的鼻祖。少康也叫杜康，因此「杜康」就成了酒的代名詞。後來東漢三國時的曹操曾寫有「何以解憂，唯有杜康」的名句。

▲乳釘紋青銅爵

當時的世界

　　少康的那個時代，在美索不達米亞南部，一個叫蘇姆阿布姆的人建立起了古巴比倫王國第一王朝，史稱古巴比倫。之後的三百年時間裏，古巴比倫王國一直是那裏最強大的國家。

夏桀

史上第一個昏君 •

　　少康復國之後，夏朝又經歷了十代君王，最終在一個叫夏桀的統治者手中走向了末路。

　　夏桀即位的時候，夏朝的統治已經出現了很大的危機。百姓們的生活非常困苦，那些有實力的部落都在虎視眈眈，暗自想取代夏朝的統治。夏桀也知道他們的心思，為了教訓這些部落首領，讓他們別打王位的主意，夏桀親自率領兵馬去進攻其中一個叫有施氏的部落。

　　這時候，夏朝的兵力還很強大，有施氏不是對手，只好投降，並獻出了部族裏一個最美的女子，叫妹（mò，粵音末）喜。

妹喜實在是太漂亮了，夏桀一見到她就看呆了，立刻接受了有施氏的投降，帶着妹喜歡天喜地地撤兵了。

回去之後，夏桀開始盡情享樂。他徵發百姓大興土木，建造了一座高高聳立的宮殿，宮殿的名字很好聽，叫「傾宮」。所謂傾宮，據說是蓋得極高的宮殿，從地面仰頭望去都會頭暈，好像宮殿馬上就要傾倒下來一樣。

妹喜有一個非常敗家的愛好，就是喜歡聽絲帛被撕碎的聲音。夏桀為了滿足妹喜這個愛好，便命令許多宮女日夜不停地在妹喜面前撕絲帛。有一次，一個宮女見妹喜睡着了，便停了一下，沒想到妹喜聽不到撕絲帛的聲音，立刻醒了，叱問那個宮女為甚麼偷懶。這時夏桀來到宮中，見妹喜生氣了，立刻拔出劍刺死了那個宮女，並對着其他宮女大聲說道：「以後誰要是再敢偷懶，這就是下場。」從此以後，宮裏撕絲帛的聲音便沒停過。宮裏的絲帛撕完了，夏桀就又徵集九州的絲綢送進宮來。質地柔軟的絲帛，放到現在都算是珍貴的物品，更不要說離絲帛出現沒多久，手工業並不發達的夏朝了。夏桀命令宮女這樣不停地撕，不知道浪費了多少財富。

後來，夏桀又在伐岷山的過程中得到了兩名美女琬（wǎn，粵音丸）和琰（yǎn，粵音染）。於是夏桀就整天與妹喜、琬和琰遊樂嬉戲。相傳夏桀後來在後宮建了一座大酒池，池子大得可以開船，釀酒的酒糟堆得好像山丘那樣高。這酒池足以容納三千人同時喝酒，好多人喝醉後掉進酒池淹死了。後面我們還會講到商朝的一個暴君，他仿照夏桀建造了自己的酒池。

還有一次，夏桀站在宮殿外，看着人們在路上來來往往。為了取樂，他故意把園子裏養的老虎趕到了大街上。人們驚慌失措地逃跑，跑不快的就被老虎咬死了。

夏桀這樣胡作非為，他手下一個叫關龍逢（páng，粵音旁）的大臣看不下去了。關龍逢把大禹的功績都繪在一張圖上，捧着它來勸諫夏桀，對他說：「古代那些國君都非常講究禮義，愛護民眾，生活簡樸。如今你卻這樣浪費財物，殺人無數，要是不改掉這些惡行，上天是要懲罰你的！」

夏桀卻根本不把這話當回事，他大言不慚地說：「我的統治就像天上的太陽，永遠不會滅亡！」

另一次，夏桀故意把關龍逢叫過來，讓他陪自己觀看施行酷刑。看到那些犯人被折磨致死，夏桀一邊哈哈大笑，一邊問關龍逢：「怎麼樣？你看得高興嗎？」

關龍逢估計都快吐了，說：「高興！」

夏桀很意外，問：「你不是心地很善良嗎？怎麼看着別人受苦你還高興呢？」

關龍逢說：「我作為臣子，大王高興我也高興。」

夏桀心想：「難道這關龍逢怕我收拾他，所以來討好我？既然他這麼『懂事』，這麼會說話，那我就讓他多說幾句吧。」於是對關龍逢說：「我覺得你說的話還挺有道理，你還有甚麼話想說就說吧。」

關龍逢便說：「我看你現在的處境，就如同是頭上頂着巨大的石頭，腳下卻踩在薄冰上。」

夏桀心想：「你這麼說的意思，不是咒我馬上就要掉進冰窟窿裏了嗎？」他頓時忍無可忍，生氣地說：「讓你說兩句你還起勁了？在這妖言

惑眾。要是不想活了，你也去和下面那些人一起，嘗嘗酷刑的滋味！」

關龍逢面無懼色，說：「既然你聽不進好話，那我也沒甚麼辦法！」說完從容赴死。

關龍逢被殺後，再也沒有大臣敢進諫了，倒是有越來越多的小人圍在夏桀的身邊。其中有個叫趙梁的大臣就每天對夏桀阿諛奉承，還經常出一些禍國殃民的餿主意。夏桀的身邊有了這樣的人之後，更加胡作非為，好端端一個國家被搞得烏煙瘴氣。

百姓們都恨透了夏桀，他們聽說夏桀自比為太陽之後，都在私底下說：「太陽啊太陽，要是你有一天能毀滅，我們願意跟着你一起毀滅！」

夏桀的統治變得搖搖欲墜。很快，就有人來推翻他了。

二里頭遺址

　　在河南偃師二里頭發現的二里頭遺址，根據年代推算，最早可以上溯到夏朝。在遺跡中，人們發現了當時的宮殿、房屋、道路，還有大量的青銅器、陶器。其中的宮殿，專家認為是夏王居住的王宮。

當時的世界

　　夏桀的那個時代，地中海地區誕生了邁錫尼文明。邁錫尼文明是由邁錫尼人建立的，他們很早就來到了歐洲大陸，但直到公元前1600年才建立了自己的王國。

商湯與伊尹

別小看廚師 ●●●●●●●●●●●●●●●●●●●●●●●●●●●●●●●●●

　　大家肯定都知道「革命」這個詞，那你們知不知道，中國歷史上最早的革命發生在甚麼時候？說出來大家可能都不信，發生在三千多年前。

　　不過，那時的「革命」和現在所說的含義完全是兩回事，只是純粹的改朝換代的意思。說起來，這也是中國歷史上第一次改朝換代，由商朝「革」了夏朝的「命」。

　　商這個部族生活在黃河下游，傳說他們最早的祖先契（xiè，粵音屑）曾經跟大禹一起治理過洪水。到了夏朝末年，湯擔任部族首領的時候，商已經成為一個強大的部落了。

　　當時，夏桀的統治十分暴虐，商湯看到天下這麼多的百姓都在遭受暴君統治之苦，決定推翻夏朝，由自己來掌管天下。

　　這時候，商湯得到了一個叫伊尹的人才。據說，伊尹從小就失去了父母，是被養父母撫養長大的。伊尹的養父是個廚師，所以他長大之後就子承父業，當了廚師。雖然只是一個廚師，但伊尹卻掌握了很多治理國家的本事。

　　伊尹早就聽說商湯仁德，一直想輔佐商湯，但始終沒有得到機會，只好去商湯岳父有莘氏家當了僕人，並在有莘氏女兒出嫁時，以陪嫁僕人的身份到了商湯家。

　　伊尹到了商湯家以後，每天只是在廚房裏燒火做飯，做些雜活，還是沒有機會見到商湯。為了能引起商湯的注意，伊尹在做飯時，不是故意把菜做得特別鹹，就是做得特別淡。大家想，要是你們的父母做飯也像伊尹那樣，你會怎麼樣？是不是肯定會向父母抱怨？商湯也是這樣。

　　有一天，商湯吃了兩口伊尹做的菜，實在受不了了，便叫人把伊尹找來，要當面和這個廚子好好說說。伊尹呢，好不容易得到了機會，肯定不能錯過，於是用做菜打比方說：「做菜既不能太鹹，也不能太淡，只有將調味料放得恰到好處，飯菜吃起來才會美味。治理國家也像做菜一樣，既不能過於急躁，也不能鬆弛懈怠，只有恰到好處，才能將事情辦好。」

商湯聽完這番話，心裏一動，覺得這個人肯定不是個普通的廚子，便請伊尹坐下來，和他交流了起來。伊尹將自己的政治見解與抱負和盤托出，商湯聽了大為讚賞，於是請伊尹輔佐自己。在伊尹的輔佐下，商湯把部族治理得更加繁榮，國力也更加強大。

可這樣一來，商部族就引起了夏桀的警惕。有一次商湯去都城朝見夏桀，夏桀覺得商湯這個人不簡單，以後可能會成為自己的大敵，便找藉口把他囚禁了起來。伊尹趕緊派人帶着各種珍寶去見夏桀，總算把商湯贖了回來。商湯回到自己的部落後，便開始籌劃收拾夏桀。伊尹給他提了個建議——停止向夏朝進貢。

當時，夏朝作為全天下的統治者，它周圍的那些部落每年都要給夏朝進貢，用來表達對夏朝的「忠心」。伊尹對商湯説：「我們先暫時停止向夏朝進貢，夏朝一定會召集其他部落來打我們。如果其他部落不聽夏朝的話，我們就可以起兵對付夏桀；如果其他部落依然服從夏桀，那麼就證明夏朝的力量依舊強大，我們就要另想辦法。」

商湯聽從了伊尹的話，停止對夏朝進貢，夏桀果然命令其他部落攻打商湯。商湯見夏桀還挺有號召力，便派人對夏桀説：「先別打，先別打，我們給你錢還不行嗎？」

夏桀扮演了一個「要錢不要命」的角色，商湯恢復了朝貢，他就不再攻打了。商湯呢，也決定再緩緩，等待更好的時機。

就這樣又等待了一段時間，夏桀越來越肆無忌憚，以至幾乎所有的部族都非常恨他。商湯見夏桀已經眾叛親離，終於放心大膽地起兵造反了。

商湯集結起大軍，對所有士兵説：「不是我想造反，實在是夏桀作惡多端，上天讓我收拾他！」他又列舉了夏桀的種種罪行，最後要求大家奮勇作戰，説：「我們要代表上天消滅夏桀！只要奮勇作戰，我將重重地賞賜你們！如果你們不遵守誓言，我就要懲罰你們！敢不聽我命令的人，要麼去當奴隸，要麼就被砍頭！」

商湯的這番演講就是《湯誓》，他又是講道理又是恐嚇，士兵們都知道，這一仗必須要全力以赴爭取勝利，要不然一定沒好下場。

商湯的軍隊如狼似虎地向夏桀的都城打了過去。

夏桀見有人造反，趕緊命令其他部族的人前來幫助自己。但正所謂「種瓜得瓜，種豆得豆」，他之前拚命壓榨各個部落，現在當然就沒人願意為他賣命了。於是，夏朝的軍隊大敗，商湯眼看着就要攻入夏都，夏桀只好帶着寵妃妹喜逃亡，最後死在了南巢（今安徽省巢湖市）。

統治天下四百餘年的夏王朝就此滅亡，商湯當上了天子，建立了商朝。

玄鳥生商

《詩經·玄鳥》中有這麼一句：「天命玄鳥，降而生商。」這句話記述的就是商部落起源的傳說。

商部落的祖先叫契。相傳，契的母親簡狄是帝嚳的妃子，但是簡狄卻一直沒有孩子。有一次簡狄和兩個妹妹到河邊洗澡，洗着洗着，突然飛來了一隻黑色的燕子，在簡狄頭頂盤旋了很久，然後生下了一顆卵，飛走了。

這顆卵正好落到簡狄的手中。簡狄感到非常驚異，便將這顆卵吃掉了。馬上，簡狄就覺得自己的腹中有異動，發現自己居然懷孕了。幾個月後，她就生下一個小男孩，取名為「契」。

後來契因幫助大禹治水有功，被封到了商地（今河南省商丘市），建立了商部落。因為這個傳說的緣故，玄鳥便成了商部落的圖騰。

▲商代婦好墓中出土的玉鳳

當時的世界

商朝的建立大約在公元前 1600 年。這時西台人征服了美索不達米亞的巴比倫王國，使得古巴比倫王國從此不復存在。

知錯能改的太甲

不收拾不成器 ●

　　大家犯過錯誤嗎？犯錯之後，老師和家長有沒有讓你反省？你後來改正了嗎？商王太甲就是一個知錯能改的例子。

　　商湯打敗夏桀，建立了商朝。商湯去世後，他的兩個兒子外丙、仲壬（rén，粵音淫）先後即位，但都在位沒幾年就去世了。後來，商湯的長孫太甲繼承了王位，繼續由伊尹輔佐。

　　太甲那時候年紀還小，非常貪玩。伊尹經常奉勸他要做個好君王，不要每天只知道吃喝玩樂，幾乎是說盡了好話，可太甲根本就不聽，依然我行我素。伊尹一氣之下，把太甲趕下王位，並流放到了桐宮。

　　桐宮是商湯的墓地，伊尹讓太甲去給爺爺商湯守墓去了。為了教導太甲上進，伊尹還給他寫了三篇訓詞。一篇叫《伊訓》，大概意思是說，貪圖享樂是國家衰敗的根本原因，君王想讓國家長治久安，就要修身養性，多聽賢臣的意見；一篇叫《肆命》，講如何明辨是非，說清君王應該做甚麼事，不應該做甚麼事；還有一篇叫《徂（cú，粵音曹）后》，講商湯時期的制度，教育太甲不能為了貪圖享樂而背棄祖訓、為所欲為。

　　太甲給爺爺守了三年墓。這三年，他沒法再吃喝玩樂了，當然，他也不敢，因為總覺得爺爺的目光在盯着自己。他翻來覆去讀那三篇訓詞，想着爺爺商湯推翻夏桀、建立商朝的功績，越想越覺得爺爺和伊尹當年真是不容易。現在自己接了班，不說把這份基業發揚光大，起碼也應該守住。可自己就知道享樂，怎麼對得起爺爺？再想到伊尹苦心教誨，自己卻不能理解，頓時感到非常羞愧和後悔。太甲反省了三年，終於明白了作為一個君王，自己應該做甚麼，不應該做甚麼了。

這三年間，伊尹也不時派人關注太甲，看他有沒有改過自新。三年過去，他看出太甲確實是真心悔過，於是親自去把他接了回來，讓他重新坐上了王位。

太甲重新執掌大權之後，果然像變了個人似的。他勤於政事，虛心納諫，在他的治理之下，商朝進入了一個平穩發展的時期，政治出現了清明的局面，太甲也贏得了羣臣和百姓的尊敬。後來，伊尹又作了幾篇文章，褒揚太甲的德政。

太甲去世後，他的兒子沃丁即位。伊尹這時候仍然健在，繼續輔佐沃丁。這麼算下來，伊尹前後輔佐了商朝五位君王。相傳伊尹活了上百歲，他去世的時候，連着三天大霧瀰漫。沃丁以埋葬天子的禮儀，將伊尹葬在了商朝都城附近，並親自為他守孝三年，完全是把伊尹當作了自己的父親。

由於伊尹功勳卓著，所以商朝的歷代君王都很尊重他。當時還沒有發明出紙和筆，人們便將伊尹的故事刻在動物的骨頭和烏龜的甲殼上。後來我們將這種文字稱為甲骨文。考古學家在很多出土的商朝甲骨文上都看到了關於伊尹的記載，並且從這些記載中發現，即便是在伊尹死了二百多年後，商朝的統治者依然按照祭祀君王的規格祭祀他，可見伊尹在商朝歷史上的重要地位。

原始瓷器

　　前面講農耕文明時，我們講過當時的人已經會製作陶器，用它來盛水、盛東西。但是陶器使用時間長了很容易裂開，用來盛水會往外滲水。到了商朝，人們發明出了原始瓷器。瓷器與陶器最大的區別在於，瓷器表面有一層晶瑩剔透的薄膜。有了這層薄膜的保護，它就不會往外滲水，也不會裂開了。

▲原始瓷尊，出土於鄭州新鄭二里崗商代城址，為目前我國發現最早的瓷器，現收藏於中國國家博物館。

　　要想形成這層薄膜，燒製黏土時需要達到 1,200 攝氏度的高溫。由於技術原因，商代早期的窯很難達到那麼高的溫度，只能達到 800—900 攝氏度，所以當時燒製出來的器物表面雖然也有一層薄膜，卻很容易脫落。人們將這種陶器和瓷器過渡階段的產物，稱作原始瓷器。

當時的世界

　　太甲那個時代，整個世界的格局非常動盪。古老的美索不達米亞文明已經度過了最強盛的階段，處於衰落之中；古老的文明中心埃及則正處於歷史上的全盛時期——新王國時期，正積極向西亞地區擴展它的勢力範圍，並與西亞各國發生了碰撞。

盤庚遷殷

一次成功的「搬家」 ·

　　有過搬家的經歷就會明白，搬家是一件非常麻煩的事。而在商代，「搬家」不光麻煩，還會引發激烈的爭鬥呢。商王盤庚的遷都就費了很大力氣。

　　太甲、伊尹之後，商朝接連好幾代都發生了內亂。商朝的王位傳承，除了父親傳給兒子，還經常有哥哥傳給弟弟的情況出現。這樣一來就很容易造成內亂：當君王過世以後，他的弟弟、兒子都會覺得自己有資格繼承王位，爭來爭去就會打起來。據說這種內亂持續了整整九代，因此歷史上稱為「九世之亂」。等

到內亂結束，新商王即位後，往往還會選擇遷都，這樣是為了離敵對勢力遠一點。在盤庚之前，商朝的都城已經來回遷了四次。

由於禍亂不止，商朝的國力開始走下坡路。早先商朝強大的時候，周圍的小部族都非常老實聽話，定期給商朝送去財寶；隨着商朝衰弱，那些小部族都開始不安分起來，非但不進貢，還動不動就向商朝挑釁。

後來，商朝第十九位君王盤庚即位了。這是一位非常有作為的君主，他即位之後又決定遷都，於是派人四處考察，得知當時的北蒙（今河南省安陽市）雖然人煙稀少，但那裏自然環境、地理位置都比現在的奄（今山東省曲阜市）更適合做都城。當然，盤庚還有一個沒有明說的理由，是想藉着遷都削弱貴族們的力量，加強自己的權力。

大臣們當然也不是傻子，盤庚一提出遷都的打算，他們就紛紛表示反對。當時的都城奄非常熱鬧繁華，這些大臣貪圖安逸，不願搬到荒無人煙的地方重新建設，更不願放棄現有的產業。為了阻止盤庚遷都，他們還在民間四處說盤庚的壞話，煽動百姓鬧事。

盤庚見大臣們居然敢不聽自己的話，便把他們叫過來開會。大家七嘴八舌地嚷嚷：「先王遷都到這裏，事先占卜，請示過上天，難道還不能長久安寧嗎？我們商朝之前沒完沒了地遷都，到現在已經五個國都了！只有尊崇上天，才能讓國運更加興旺，就好像倒下的樹又長出了新枝，被砍的殘枝又發了嫩芽一樣，上天就是要商朝的國運在奄延續下去。」

盤庚一聽，大臣們這是有備而來，他立刻嚴厲地反駁：「你們這幾天來到處用謠言煽動大家。我辦事都是根據先王的法度，沒有失德的地方。我的威嚴好像烈火一樣旺盛，我是你們的王！你們遵從我，就像把網結在綱上（綱指漁網上的總繩），才能有條理，不會混亂。就算你們像野火一樣在大地上焚燒，使人沒法靠近，我也有力量撲滅。」這番訓話後來引申出兩個成語「有條不紊」、「星火燎原」。

盤庚這番嚴厲的話語和遷都的決心終於讓大臣們明白，還是得聽君王的話，要不然可能連命都保不住。從此，沒有人再敢反對遷都。

就這樣，盤庚在自己即位的第三年，也就是公元前 1298 年，率領着貴族、平民和奴隸，西渡黃河，浩浩蕩蕩地往北蒙搬去。在那裏，商朝人用辛勤的勞動築起了新的宮殿、房屋，還修建了製造青銅器的工廠。他們用銅、錫、鉛三種金屬做原料，冶煉鑄造了成千上萬件斧、鉞、戈、矛、刀、劍等青銅武器，鼎、爵、觚、壺、盤、盂等飲食器皿，斧、錛（bēn，粵音彬）、鑿、鎌、鏟等工具，創造了非常燦爛的青銅文化。盤庚還下令，所有的貴族都要厲行節儉，不能再鋪張浪費，因此為國家節省下

了大量的財富。原本風雨飄搖的商朝，又重新強大了起來。

後來，北蒙改名為「殷」，這次遷都也被稱為「盤庚遷殷」。「盤庚遷殷」之後，直到商朝滅亡的二百五十多年裏，商朝的都城再也沒變過，因此商朝又被稱為「殷商」。

殷墟與后母戊方鼎

　　商朝滅亡之後，首都「殷」變成了一片廢墟。到了近代，考古學家們又找到了這個當年的商朝首都，並稱其為「殷墟」。

　　在殷墟出土的文物中，最有名的就要數后母戊方鼎了，它現在保存在中國國家博物館裏。它高133厘米，口長110厘米，口寬79厘米，重832.84公斤，是世界上到目前為止發掘到的最大的青銅器。

　　在殷墟，人們還發現了許多龜甲和牛胛骨，上面刻着許多文字。這種文字是我國目前發現的最古老的文字，叫作甲骨文，共有約四千五百個單字，大多數已被考古學家認出來了。

尚武的武丁

上陣夫妻兵

　　盤庚把一個走下坡路的商朝重新拉回了正軌。他去世後，王位先後傳給了兩個弟弟小辛、小乙，之後又傳給了小乙的兒子武丁。

　　武丁當商王之前，小乙沒讓他留在宮中享福，而是讓他隱姓埋名去往民間，和普通百姓一起生活、工作。武丁作為王位的繼承人，過的卻是每天日出而作、日落而息的生活，普通百姓受過的苦他都受過，普通百姓有的感受他也全都感受過。

　　後來，父親小乙去世了，武丁當上了商王。奇怪的是，他即位後的前三年，沒下過一道命令，而是把所有的國家大事都交給大臣們處理。這是因為，武丁覺得靠自己還無法治理好一個國家，必須先找到一個可以輔佐自己的賢臣。

　　有一天，武丁做了一個夢，夢裏神仙對他說：「你只要找到一個叫説的人輔佐你，就一定能讓商朝重新強大起來。」神仙還給他看了看説的樣子，好讓武丁以後能夠找到這個人。

夢醒之後，武丁覺得這個夢一定是真的，所以他把全國的官吏都叫到跟前，逐個辨認。看着君王在自己臉跟前晃來晃去的，大臣們心想：「難道國王要改行當『睇相佬』了嗎？」

武丁看了一圈，沒有在大臣們中間找到神仙說的那個說。他很失望，但是又一想，神仙總不會騙我吧！於是他開始在全國範圍內尋找這個叫說的人，最後終於在一個建築工地上找到了他。

當時，說犯了罪，被懲罰做苦工。他正舉着大鎚夯土築牆呢，只見一個衣着華麗的人走到了自己面前，問：「你是不是說？」說點點頭：「正是在下。」那個人坐了下來，開始和他聊一些治國理政方面的事情。說也的確是個人才，他侃侃而談，見解深刻。聊到最後，說才知道，原來那個人就是商王武丁。武丁感歎說：「如果我是一把青銅短刀，你就是磨刀石。你提意見，就等於在磨礪我的銅刀。」

在武丁的提拔之下，說從一個築牆的囚犯，變成了國家的重臣。由於武丁找到說的地方叫傅岩（今山西省平陸縣），所以說也叫「傅說」。後來孟子就說：「傅說舉於版築之間。」在傅說的輔佐之下，商朝再次崛起，一時間國力空前強大。

前面說過，商朝的周邊一直活躍着一些小部族，經常不服從商朝的統治。現在商朝強大了，武丁終於有實力收拾他們了。他派出一位厲害的武將領兵出征。這位武將非常特別，是一位女性，而且不是別人，正是武丁的妻子——婦好。

婦好是中國歷史上記載的第一位女將軍，她雖然沒有男人那麼大的力氣，但每次出征都會讓侍衛舉着斧鉞作為刑具。當時，有一個叫「鬼方」的部落經常侵擾商朝邊界，武丁便命令婦好帶領一萬三千兵馬去收拾他們，這在當時是相當大的兵力。婦好率領這支大軍擊敗了鬼方部落，迫使他們逃到了很遠的地方，再也無法威脅商朝的邊界了。

當然，很多時候，武丁和婦好兩口子會一起出馬。攻打巴方國的時候，武丁和婦好各自率領一支軍隊出征。婦好的軍隊負責在西邊埋伏，武丁的軍隊負責和敵人正面作戰。戰鬥打響之後，武丁把敵人往西邊引，引到了婦好的包圍圈裏。婦好及時殺了出來，敵人完全沒想到還有這麼一

齣，結果被打得落花流水。

婦好的壽命很短，三十三歲就去世了。她去世之後，武丁非常傷心，把婦好的墓地修在了自己的宮殿旁邊。在商朝，婦好非常受人尊敬，後代的帝王每次出征之前，都要祭祀婦好，希望她保佑自己獲得勝利。

武丁的壽命很長，光是當君王就當了五十九年。在他的治理之下，商朝達到了空前的繁榮強大。

知識加油站 文化

婦好墓

　　武丁把婦好的墓修在自己的宮殿旁邊，這個舉動無意中保護了婦好墓。因為後代的盜墓賊們怎麼也想不到，宮殿旁邊還會有一座墳墓。

　　1976 年，考古工作者在殷墟的宮殿附近發現了婦好的墓地。在婦好墓地中，人們發現了青銅器 468 件、玉器 755 件、骨器 564 件，以及商朝的貨幣——6,800 枚海貝殼，還有一對青銅做的大斧子，古代稱為「鉞」。有人認為這是婦好的兵器，也有人認為婦好並不親自使用它，而是讓侍衛舉着。

海貝　　　骨貝　　　銅貝

當時的世界

　　與武丁差不多同時期，公元前 1259 年，古埃及和西台經過多年的征戰，終於締結了和平條約，這是世界歷史上最古老的和平條約。

商紂王

一個沒有人性的君王 ....

　　「盤庚遷殷」之後，商王一共又傳了十一任，最後傳到一個叫「辛」
的商王手裏。他正是《封神榜》裏那位臭名遠揚的商紂（zhòu，粵音就）
王。「紂」是後人給他的稱呼。正是他在位的時候，商朝走向了滅亡。

　　歷代的亡國之君，大部分都是或昏庸或殘暴，有的是又昏庸又殘暴。
可紂王剛即位的時候還真不是這樣，看起來反而是個明君的樣子。據說紂
王身材高大健壯，力大無窮，甚至能徒手和猛獸格鬥；他的頭腦也非常聰
明，能言善辯。剛即位的時候，紂王還親自帶兵，和位於今天淮河、長江

流域的東夷部族作戰，降服了他們，使這些部族後來也融入了華夏文明，這是紂王的歷史功績。

可惜的是，建立了這些功績之後，紂王整個人都開始膨脹了，逐漸貪圖起享樂，並且特別寵愛一個叫妲（dá，粵音笪）己的美女，對她的話言聽計從。他沒完沒了地建造宮殿，造了一座富麗堂皇的「鹿台」，把搜刮來的財寶都存放在裏面。他又造了一個極大的倉庫，叫作「鉅（jù，粵音巨）橋」，把剝削來的糧食堆積在裏面。

據說紂王喜歡喝酒，怎麼喝也喝不夠，於是讓人在宮殿裏修建了一個游泳池一樣大的池子，裏面裝的全是酒。有了酒沒有肉怎麼行？他又讓人把各種動物的肉做熟了，掛到宮殿的樹上，甚麼時候想吃就從樹上

「摘」一塊肉。這便是成語「酒池肉林」的由來，專門用來形容奢侈無度的生活。

紂王還喜歡聽音樂。古代的統治者非常重視音樂，認為它能陶冶人的情操，但凡祭祀典禮時都要奏樂。這種音樂叫「雅樂」，一般是用銅鐘、石磬、鼓等樂器敲打出來的，節奏很和緩。紂王卻嫌雅樂太沉悶，派樂師師涓到處收集民間歌曲，這些歌曲的曲調都是軟綿綿的，歌詞也淨是「你愛我，我愛你」這類，就跟我們現在的流行歌曲一樣，人們把這種音樂稱為「靡靡之樂」。紂王就整天陶醉在這種靡靡之樂裏。

紂王這樣的行為，大臣們當然看不下去，很多人都勸他。但他完全不聽，覺得自己這麼了不起，玩一玩怎麼了？紂王又特別能說，總能扯一些歪理，大臣們誰都說不過他。可畢竟受不了大臣們沒完沒了地勸諫，他開始煩了。

這天，太師比干又來勸諫。在商朝，太師是地位最高的大臣之一，比干又是殷商王族，論輩分紂王應該叫他叔叔。比干對紂王說了很多聖人的道理，紂王被惹惱了，衝着比干大吼：「你還真把自己當聖人了？我聽說，聖人的心都是七竅玲瓏心，我倒要看看你的心是不是！」說完，他就命令手下人把比干抓住，挖出了他的心。這下，大臣們都被嚇住了。

另一次，紂王把鬼侯的女兒召進宮裏當妃子。鬼侯的女兒知道紂王很殘暴，進了宮就悶悶不樂，也不給紂王好臉色。紂王又發火了，不光殺害了鬼侯的女兒，還把鬼侯本人處死，剁成了肉餡。另一位諸侯鄂侯跑過來抗議，也被他殺了，屍體被曬乾做成了肉脯。還有一位諸侯歎息了幾句，紂王就下令把他抓起來，囚禁了整整七年。

這位被囚禁七年的諸侯叫姬昌。姬昌的長子叫伯邑考，他來到商朝的都城求見紂王，想把父親救出來。紂王卻把伯邑考殺了，剁成肉餡讓姬昌吃。紂王之所以這麼做，是因為他聽說聖人不會吃自己的孩子，如果姬昌吃了，就證明他是個庸人，不足為懼；如果他不吃，就證明他確實是聖人，一定要殺了他。姬昌知道紂王的盤算，他明知這是兒子的肉，還是忍着痛苦和噁心吃了下去。

再後來，紂王愈發殘暴，他發明出各種各樣的酷刑，其中最有名的叫

「炮烙之刑」，就是在橫放的銅柱下面架起炭火，把銅柱烤得滾燙，讓犯人赤腳走在銅柱上，犯人被銅柱燙得受不了，就掉進炭火裏被活活燒死。由於他的倒行逆施，身邊的賢臣們死的死走的走，百姓們也是怨聲載道。

這時的紂王不會想到，諸侯們已經萌生推翻商朝的念頭了，而反抗決心最大的，正是姬昌的那個部族——周。

比干的身世

比干的父親不是別人，正是商朝的第二十八任君王文丁。文丁死後，把王位傳給了帝乙，也就是商紂王的父親。比干是商紂王的親叔叔，但紂王還是殺了他。

比干死後，他的妻子逃走了。當時她正懷着孕，跑到一片茂密的樹林裏時，生下了一個兒子。因為是在樹林中生出來的，所以比干的兒子後來改姓林，他就是林姓的祖先。

當時的世界

公元前 1078—前 1046 年左右，與商紂王同時代的阿蘭人，在敍利亞一帶建立起了強大的大馬士革王國。大馬士革王國是一個奴隸制國家，建國三百年後，被亞述王國所滅。

文王訪賢

直鈎也能釣到魚 ··

　　上一節講到，紂王的殘暴搞得天怒人怨，很多部族的諸侯都冒出了反抗他的念頭，這其中就有姬昌的周部族。

　　周人的祖先叫后稷，據說極其擅長農耕，是堯手下的農官，主要負責管理農業。後來到了亶（dǎn，粵音坦）父這一代，周人來到岐山一帶定居，這就是《封神榜》裏的「西岐」，位於今天的陝西寶雞一帶。亶父的孫子就是姬昌，史書上稱他為周文王。

紂王囚禁了姬昌，又殺了他的長子伯邑考，姬昌的大臣們只好搜集來許多財寶獻給紂王，這才把姬昌救了回來。姬昌撿回了一條命，好不容易回到周國。他恨透了商紂王，更加下定決心要推翻商朝的統治。

　　周文王從此積極發展國力。他奉行德治，敬老愛幼，減輕刑罰，還大力發展農業生產，減輕百姓負擔。在他的治理下，周部族越來越強大，在當時的天下也有了很大的號召力。有一次，周的兩個鄰國虞、芮兩國發生了爭執，他們想找周文王幫着裁決。他們來到周國後，發現耕田的百姓都在互相謙讓田地的邊界，人們也都非常尊重長輩。虞、芮兩國的人都很慚愧，説：「我們所爭的，正是周人所認為恥辱的事，還去做甚麼？」於是都回國了，從此互相謙讓，再也不爭了。其他諸侯聽説了這件事，都説：「周文王應該是受天命、得天下的君主啊！」

　　周文王知道，想要對抗強大的商朝，就必須要有高人輔佐自己，所以他四處尋訪人才。相傳有一天，周文王出門打獵，動身前自己占了一卦，卦辭説：「所得獵物非龍非螭（chī，粵音痴，一種像龍但無角的神話生物），非虎非熊；所得乃是成就霸王之業的輔臣。」周文王很驚訝。

周文王來到渭水河邊，看到一個老人正在釣魚。奇怪的是，這人釣魚時，魚鈎上沒有魚餌，也不把魚鈎放到水中，而是將鈎子懸在了離水面還有一尺的地方，嘴裏還唸叨着：「哪條魚願意讓我釣，就自己跳到鈎子上吧。」

周文王身邊的人都覺得這老頭很奇怪，周文王卻覺得這不是個一般人，於是便上前攀談，得知釣魚老人的名字叫呂尚，就是《封神榜》裏大名鼎鼎的姜子牙。

呂尚的祖先曾經跟着大禹一起治水，很有功績，因而被封到了一個叫呂的地方，也算是一個小諸侯。但是到了呂尚這一輩，家中早已沒落下來。呂尚年輕時生活窮困，傳說他為生計所迫，曾經販賣過牛肉，也賣過酒。但是生活再怎麼困難，他都沒放棄治國安邦的志向，一直在勤奮刻苦地自學，終於成了滿腹韜略的人才。可他一直得不到施展才能的機會，如今已經七十歲了，還在盼着能遇到明君，一展抱負。

於是，呂尚故意在釣魚的時候擺出一副「願者上鈎」的架勢，希望通過這一招引起別人的注意，這下還真奏效了。

周文王通過和呂尚的一番談話，發現了呂尚的才幹，他非常開心，說：「我的祖父亶父在世時曾對我預言過，將來會有個了不起的能人來輔佐周國，讓周族興盛起來。您正是這樣的人，我的祖父盼望您已經很久了！」當場就邀請呂尚坐上自己的車，和自己一起回到都城。

呂尚果然很有才能，幫周文王把國家治理得愈發強盛。尤其特別的是，呂尚深通兵法韜略，教了周文王很多計謀。相傳他留下了《太公陰符經》這樣的兵書，後來戰國時期的兵書《六韜》、《三略》也假託了他的名字。

為了進一步擴大勢力，在呂尚的建議下，周文王準備進攻密須國。起初，周文王擔心密須國很強大，周國打不過他們。呂尚說，密須國君欺壓百姓，早就失去了民心，他就是再厲害，我們也不怕。周文王於是發兵進攻密須，還沒開戰，密須的百姓們先起義了，他們捉住密須的國君，主動歸附了周文王。

在這之後，周文王又去進攻崇國。崇國是商朝西邊最大的屬國，當年

周文王被紂王囚禁，正是崇國國君告的密；而周人想要東進滅商，也無論如何都繞不開崇國。所以，伐崇之戰既是周文王的復仇之戰，也是滅商的序曲。

據說崇國修建了高大的城牆，所以伐崇之戰也是中國歷史上的第一場攻城戰。周軍為了攻佔城池，動用了很多攻城兵器，比如臨車、衝車、鈎援等。《詩經》裏有一首《皇矣》，記錄了這件事。最終，周軍消滅了崇國，又在當地築起城牆，新建了一座都城，叫作豐邑（也稱豐京）。

周文王把國都從岐邑遷到豐邑，為接下來的滅商大業打下了堅實的基礎。不幸的是，豐邑建成後的第二年，周文王就去世了。接替他滅商朝的，是他的兒子周武王姬發。

知識加油站 文化

周文王時周國的國都 —— 豐邑

周文王攻打崇國後，把國都搬到豐邑。豐邑在今天的陝西省西安市西南，是中國最早的通過統籌規劃建造起來的一座城市。城市裏街道整齊，各種建築錯落有致，在當時是一個非常繁華的地方。

武王伐紂

商紂王的末日 ....

　　上一節講到，周文王勵精圖治，就是為了推翻紂王，解救天下蒼生。可惜他年齡大了，沒能等到那一天。周文王去世後，他的兒子姬發即位，歷史上稱他為周武王。

　　周武王把呂尚當作老師，尊稱他為「師尚父」，他還有兩位非常有才幹的弟弟周公旦、召公奭（shì，粵音色），父親周文王更是給他留下了一個強大的周國。有了這些條件，周武王終於決定要滅商了。

　　為了試探商朝的實力，也為了解天下諸侯對滅商的反應，周武王在繼位的第二年，率領大軍去祭奠父親周文王，祭奠之後卻並沒有回國都，而是繼續向東前進，一直來到黃河南岸的孟津。這裏距離商朝的國都已經不遠了。

　　周圍的諸侯們聽說後，都紛紛趕來會盟，據說這些諸侯足有八百家之多。周武王帶領他們舉行了誓師儀式。諸侯們全都主張立即進攻商朝，但周武王和呂尚都認為，商朝的兵力仍然很強，滅商還不是時候，勸說大家等待時機，然後把軍隊撤了回去。這就是「孟津觀兵」。這次雖然沒有正式出兵，但周武王已經看出來，天下諸侯們都擁護自己，紂王已經眾叛親離，只等合適的時機就可以正式滅商了。

　　這時候，紂王的殘暴已經將他引入了眾叛親離的地步。他除了殺害比干，還動不動迫害其他大臣。同是殷商王族的大臣箕子、微子，一個只能靠裝瘋逃過一死，被罰作奴隸，另一個則逃跑了。周武王打探到這些消息，決定正式起兵攻打商紂王。

　　周武王率領兵車三百輛，精銳衛軍三千人，士卒

四萬五千人，在孟津渡過黃河，又和庸、蜀、羌、微等諸侯國會合。周武王舉行了誓師大會，他左手握着黃色大斧，右手拿着白色旄（máo，粵音毛）旗，向全軍發表講話，列舉了紂王寵信妲己、濫用刑罰、背棄祖先等罪行，聲稱伐紂是遵照上天的意志，同時要求將士們在作戰中要嚴明紀律、英勇殺敵。這就是《牧誓》。誓師之後，周武王統領大軍一路東進。

紂王得到周武王進攻的消息時，商軍的主力還在東夷，國都兵力十分空虛。他只好倉促地徵發了許多奴隸、囚犯和戰俘，將他們組成軍隊去迎敵。這些奴隸、囚犯的人數還真不少，號稱有十七萬之多，他們排着隊開出國都時，聲勢還挺浩大。

就這樣，商、周兩軍在牧野（今河南省新鄉市）相遇了，商軍的人數看起來遠比周軍多，可戰鬥力根本不行。還有傳說稱，這些奴隸平時被紂王欺負慘了，現在都不願意為紂王賣命，戰鬥剛一打響，他們就紛紛掉過頭去進攻紂王。這就是成語「臨陣倒戈」、「反戈一擊」的由來。

雖然這樣，「牧野之戰」仍然是一場極為慘烈的大戰。據說雙方打到最後，因為血流得太多，整個原野上到處是一片片血泊，春米的木槌丟到上面都能浮起來。於是又有了個成語「血流漂杵」，形容戰況的慘烈。

兩軍打了整整一夜。黎明的時候，天空中出現了明亮的「歲星」，它也叫太歲，就是木星。這時候，周軍終於徹底打敗了商軍。後來周武王論功行賞，賞賜一些青銅給一個叫「利」的官員，利把這些銅料鑄成青銅器「簋」，又在上面刻下銘文，記錄了「牧野之戰」的經過。學者們根據銘文中對木星的記載，又結合天文學進行研究，最終確定了「牧野之戰」的具體日期，是公元前 1046 年的某一天。這隻簋就叫「利簋」，現在收藏於中國國家博物館。

紂王眼看大勢已去，趕忙逃回國都。他不願意被周武王生擒活捉，於是登上鹿台，自己放了一把火，把自己燒死了。後來周武王找到紂王的屍體，斬下他的首級懸在太白旗上，還處死了妲己，宣告了商朝的滅亡。周武王從此建立了周朝，史稱西周。

在這之後，周武王將國都從豐邑遷到了旁邊的鎬（hào，粵音浩）京（今陝西省西安市灃水東岸），並開始分封諸侯，許多王室子弟、有功之

臣，都被派到各地去建立屬自己的諸侯國。呂尚被封在齊國，一直輔助周武王的兩個弟弟周公旦、召公奭分別被封在魯國、燕國，其他受封的諸侯還有很多。周天子有號令諸侯國的權力，並經常派手下人去諸侯國中擔任重要的職務，監控諸侯國的動向。這就是分封制，也是「封建」這個詞最初的含義。

井田制

　　大家聽過「普天之下，莫非王土」這句話嗎？它的意思是說，天下的土地都屬國王（統治者），但是國王不可能自己種地，還是得由農民來種，所以該怎麼分配土地，成了國王首先要解決的問題。有一種說法認為，在周朝時，實行的是井田制。它的做法是將一塊九百畝大小的土地，均勻地劃分成九塊，遠遠看過去，就像一個「井」字，四周的八塊分給八戶農民耕種，收穫的糧食都歸農民所有，中間的那塊由八戶農民共同耕種，收穫的糧食歸國家所有。

當時的世界

　　與周朝同時代的古希臘，正處於文化衰退時期，《荷馬史詩》這部文獻正好反映了這個時期的歷史情況，因此這段時期被稱為「荷馬時代」。

甲骨文與青銅器

商朝留給後人的寶貴遺產 ·

　　我們上中文課首先要學認字、寫字，那麼大家知不知道，中國最早的文字是甚麼樣的？

　　目前發現最早的文字出現在商朝，當時，人們把這些文字刻在烏龜殼或動物骨頭片上。幾千年之後，人們從當年商朝首都的附近挖出了許多動物骨頭和烏龜殼，可是這些人並不知道這些東西的意義，他們把這些古代的骨頭當成了藥賣給藥鋪，很多這樣的骨頭就被「吃」掉了。

　　直到 1899 年，一個叫王懿榮的金石學家生病時去藥店買藥，藥店就把那些骨頭賣給了他。王懿榮仔細一瞅，心想：「不對啊，這些骨頭上怎麼還刻着符號？看着還有點像文字？」他沒有吃這些「骨頭藥」，卻開始仔細研究上面刻着的文字，最終得出結論——這些骨頭就相當於古代的「書」，上面的文字就是中國最古老的文字——甲骨文。

　　從此之後，人們開始在當年商朝的都城附近尋找甲骨文。到今天為止，人們已經找到了刻着甲骨文的甲骨十五萬四千六百多片，並「破譯」出了兩千多個古文字。

　　甲骨文的發現，有着非常重大的意義。司馬遷在《史記》中曾經詳細介紹了商朝的歷代君王，但是後人對他的記載將信將疑，因為除了《史記》之外，關於商朝的記錄非常少。有的人會想：「司馬遷是從哪裏知道的這些資料？是不是他瞎編的？」

但是在甲骨文出土之後，人們在其中發現了許多關於商朝君王的記載，通過對比人們還發現，甲骨文上的記載和司馬遷的記載非常吻合，所以人們才相信，《史記》裏的內容是可信的。

商朝甲骨文的發現，使得商朝的歷史成為了信史，意思就是有文字記載的、可信的歷史。要知道，在甲骨文發現之前，很多人都覺得那些關於商朝的歷史故事是後人杜撰出來的，甚至還有人懷疑商朝究竟是否真實存在。甲骨文被發現之後，這樣的懷疑就都消失了。

事實上，甲骨上那些看起來像文字的紋路並不都是文字，有些是古人用火烤龜甲和骨頭後留下的裂紋。古人為甚麼要用火烤龜甲和骨頭呢？是因為他們相信，通過「研究」火烤龜甲和骨頭留下的裂紋，可以「預知未來」。所以，這部分「甲骨文」其實是古人「占卜」的遺跡。

除此之外，大多數甲骨文是人們刻到龜甲和骨頭上去的，古人通過「書寫」甲骨文，記錄了當時一些非常重要的事件。這些刻着甲骨文的骨頭和龜甲，在當時可是王室的寶貝，它們被小心翼翼地儲藏在安全的地方，還有專門的官員負責整理和保管。

商朝除了有甲骨文之外，還有大量的青銅器，這也成為商朝人留給後代子孫的寶貴財富。

青銅器之所以叫「青」銅器，是因為今天人們看到的古代青銅器都是青色的，那是銅被氧化之後留下的顏色。如果我們能夠見到一個剛剛被製造出來的青銅器，會發現它的顏色是金光閃閃的，所以青銅器並不姓「青」，而應該姓「金」，我們現在還把青銅器上的文字稱為「金文」。事實上，商周時期確實把青銅叫「金」，如果我們在古書上看到這段時期的歷史，說某個人有了很大的功勞，於是天子賞賜給他五十「金」，一定要記住，這裏的金指的並不是黃金，而是青銅。如果是黃金的話，恐怕天子早就都破產了。

商朝的青銅器製造工藝水平已經非常先進。在一個商朝遺址中，人們一次性就找到了413件商朝青銅器，其中絕大部分都是兵器。在這些兵器中，除了有用來進攻的戈、戣（kuí，粵音葵）之外，還有用作防禦的青銅面具，這些面具可以在戰爭中保護士兵的頭不被敵人打傷。我們可以想

像一下，商朝士兵臉上帶着金色的面具出現在戰場上，一定會讓敵人覺得非常害怕。

商朝人除了拿青銅器做兵器之外，還用它們做生活器皿和禮器，也就是祭祀時使用的器皿。商朝人很喜歡在青銅器上刻一張人臉作為裝飾，例如著名的商代大和人面紋方鼎，上面就刻着一張濃眉大眼、高鼻樑、凸顴骨、寬嘴緊閉、表情莊重的人臉。現在人們認為，這張人臉不是一般人的臉，而是商朝人心目中神的臉。

商朝人還喜歡把青銅器做成各種動物的形狀，如豬、牛、貓頭鷹、大象、犀牛等等，完全可以組成一個青銅動物園。用今天人的眼光去看的話，這些青銅器皿都很「萌」、很可愛，如果有機會，大家可以到各地的博物館去看一看。

青銅器的出現，意味着商朝已經開始進入「金屬文明」，生產力更強，也更加富有了。畢竟，如果當時的人們連肚子都吃不飽，哪裏還有心情做青銅器呢？

商朝鴞尊

在婦好墓中，人們發現了商朝的鴞（xiāo，粵音驍）尊。鴞就是貓頭鷹，尊就是用青銅做成的酒杯。在商朝人眼中，貓頭鷹是一種非常兇惡的鳥，迷信的古代人認為，只要貓頭鷹一叫，就會有人死去。正是因為古人眼中的貓頭鷹有神奇的魔力，所以他們非常崇拜貓頭鷹，用貓頭鷹的形狀做出了各種器皿。

穿越指南 ▪▪▶ 西周

　　西周時期人們的着裝和商朝沒有甚麼大的區別，最大
的區別就是男子在二十歲的時候要舉行冠禮，之後每天都要把頭
髮束起來，帶上髮冠或者頭巾，表示已經是成年人了；如果你是女生，
滿十五周歲就要舉行笄（jī，粵音雞，固定頭髮的簪子）禮，將頭髮紮
起來，別上笄，這也是成年的標誌，叫「及笄」。

　　西周時期是非常講究禮儀的，見到長輩和朋友要行躬禮。跟人打
招呼的時候，你得記住一定不能直呼人家的姓名，那是非常不禮貌的
行為。

　　西周有嚴格的等級制度，你剛穿越過去的時候，作為一個百姓，你
可以選擇幾種職業：當一個農民，學一門手藝當一個工匠，或者做點小
買賣當一個商人。

　　如果你想當一個農民，是可以獲得一些土地的。但是，你不僅要照
顧自己家的土地，還要和其他人輪流照看公家的土地。好在當時沒有
稅，自己的田地收穫的糧食都是自己的。此外，還有一個好消息，周朝
時的農具有了進步，用青銅打製的農具要比之前的耒耜好用一些。

在等級上比農民差一點的就是工匠了。當時的工種主要有製作陶器、製作青銅器、製作玉器，以及造車。你對哪種手藝感興趣呢？

除了農民和工匠，你還可以選擇做一個商人。看到這個「商」字，你可能會有些納悶了：之前的王朝國號就是商，這兩個「商」有沒有甚麼聯繫呢？確實有聯繫。商朝滅亡後，周武王在分封諸侯的時候，將殷商王室的後裔分封在一個地方，建立了諸侯國奄國，奄國的百姓就被稱為「商人」。因為他們太會做生意了，「商人」便成了生意人的代號，一直延續至今。

不過在當時，雖然當一個商人可能會很富有，但是地位卻不高。

如果上面的職業你都不想做，你想讀書，可不可以呢？很不幸，西周時期的學校是給貴族準備的，主要教的是六藝 —— 禮、樂、射、御、書、數，也就是禮儀、音樂、射箭、駕車、書法和算數。作為平民的你，要想進學校學習，基本不太可能。

說了這麼多，你是不是有些餓了？那在西周能吃到甚麼呢？西周的飲食和商朝其實沒有甚麼區別，但作為平民的你很難吃到肉。因為按照等級制度，只有貴族才能吃到肉，所以貴族也被稱作「肉食者」。如果你非常想吃肉的話，可以去海邊，因為打魚還是可以的。

西周時期採取的是分封制，除了周天子直接統治的地方之外，還有很多諸侯國。你可以在不同的地方感受到不同的風土人情，欣賞到各地不同的音樂和詩歌。

周公輔成王

「偶像」的故事 ●

　　周武王繼承父親遺志，推翻商朝，建立了周朝。可是僅僅兩年多之後，周武王就因病去世了，他的兒子姬誦繼承了王位，就是後來人們所說的周成王。

　　周成王即位時才十三歲。要是放到今天，十三歲才上中學，怎麼可能
管理好一個國家呢？所以，周武王臨死前，讓自己的弟弟周公旦輔佐周成
王。這樣一來，周成王名義上是君王，但國家大事卻都由周公旦做主。

　　周公旦盡心盡力地輔佐周成王，把國家治理得很好。本來，周公旦有
自己的封地魯國，可是為了輔佐周成王，周公旦一直沒有去魯國，而是派
長子伯禽替自己去管理封地。

　　伯禽臨走前，周公旦告誡兒子：「我的地位在天下也不算低了，可是
我洗頭髮的時候，只要一碰到急事，我就會握着濕淋淋的頭髮趕過去處
理；吃飯的時候，聽說有人要匯報工作，我連吃到嘴裏的飯都來不及嚥下
去，就趕緊吐出來，去接見匯報工作的人。就算這樣，我還生怕那些有才
華的人對我不滿意。所以你到了魯國，更不能對人傲慢了。」

周公旦為了輔佐周成王，嘔心瀝血、兢兢業業，但即便是這樣，還是有人說他壞話，而且說壞話的不是別人，正是周公旦的三個弟弟管叔、蔡叔和霍叔，他們到處散佈謠言說：「周公旦野心很大，他就是想把周成王撞下王位，自己當王。」

跟着他們一起起哄的，還有紂王的兒子武庚。周朝雖然滅了商朝，紂王也自殺了，但是周武王並沒有趕盡殺絕，不僅放了紂王兒子武庚一條生路，還把他也封為諸侯，讓他繼續管理殷地。不過為了防止他造反，周武王把管叔、蔡叔、霍叔封到殷地周圍，負責監視武庚，因此他們被稱為「三監」。

然而，武庚並不滿足於只當個殷侯，仍然想恢復商朝，自己當王。他和管叔他們祕密接觸，與這三個本來是監視自己的諸侯勾結在了一起，聯手誣陷周公旦，說他要篡位。說的人多了，連周成王都有點相信了，也開始疏遠周公旦。武庚和三監看到周成王不再信任周公旦，覺得機會來了，便聯合了東夷等部落起兵造反，這就是「三監之亂」。

周公旦得知有人造反，立刻請呂尚領兵去平定東夷；他自己則率領軍隊去平定武庚和三監。他們用了三年時間，終於打敗了叛軍，把武庚他們或處死或流放。之後他又趁勢繼續東征，進攻淮水流域的「九夷」諸國，滅了殷商舊民盤踞的奄國，從而使天下恢復了安定。

為了防備殷商遺民再有復辟的舉動，周公旦又把紂王的兄長微子封為諸侯，讓他在宋地立國，這就是後來的宋國。那些殷商遺民的舊地則另立了一個國，封給周武王的另一個弟弟「封」，這就是衛國。衛國第一任國君封後來也被稱為衛康叔。

平定「三監之亂」後，周公旦覺得現在的國都鎬京過於靠西，要控制東部的中原地區很不方便，於是在東面又新建了一座都城，叫洛邑，這就是今天河南省洛陽市的由來。從此以後，周朝就有了兩座都城。西部是鎬京，又叫宗周；東部是洛邑，又叫成周。

周公旦還意識到，諸侯們平時都在各自的封國，周天子很難直接管理他們，這也是「三監之亂」爆發的一個重要原因。於是，他創設了一套「禮樂」制度，規定了諸侯貴族們日常的行為舉止：走路應該怎麼走，行禮應該怎麼行，參加朝會、祭祀時應該怎麼做，說話應該說甚麼，還有

日常穿戴的衣冠、吃的食物、盛食物的器皿、出行乘坐的車馬、住處的規格……不同等級的貴族規定都有差別。周公旦用這種方式讓他們遵守自己的社會等級。

等到周成王二十歲那年，周公旦將治國大權交還給了他。周成王這才知道，周公旦是真心實意輔佐自己，並沒有篡權奪位的想法。還有一個傳說是：有一次少年周成王生了重病，周公旦按照當時的風俗，剪掉自己的指甲丟進河裏，向上蒼祈禱説，願意替周成王承擔病痛，還把這些祈禱的話記錄下來，藏在一個銅箱裏。當有人造謠周公旦想謀反的時候，周成王也起了疑心，直到發現銅箱裏的文書，才知道周公旦的苦心，從此對他更加信任了。

又過了三年，周公旦因病去世了。臨死前，他對身邊人説：「一定要把我葬在都城附近，以表示我到死也不能離開周成王。」周成王本來打算按照周公旦的遺願舉行葬禮，但是就在葬禮快要舉行的時候，天氣突變，下起了大雨，颳起了大風，把大樹和莊稼都吹斷了。周成王對其他人説：「這是老天告訴我，周公旦並不是我的臣子，而是我的叔叔、我的父親。」於是，周成王把周公旦葬在了他父親周武王的墓地旁邊。

周公旦輔政的這些年，功績極為突出，史書上總結説，他「一年救亂，二年克殷，三年踐奄，四年建侯衛，五年營成周，六年制禮作樂，七年致政成王」。後世很多名臣都把他視為榜樣。周成王與他的兒子周康王致力遵守和推行周公定立的政策，因此這兩代四十多年，也成了周朝繁榮強盛的時期，歷史上叫作「成康之治」。

何尊與中國

　　何尊是西周早期祭祀用的器物。尊內底鑄有 12 行、122 字銘文。銘文中記錄了一段周成王回憶他父親周武王的話：「余其宅茲中國。」意思是，且讓我安頓在這個稱為中國的地方。這是「中國」一詞最早的文字記載。

▲何尊與「中國」的銘文

計淹周昭王

國君死得很窩囊 · · · · · · · · · ·

　　上節講到，在周公旦的輔佐下，周朝迎來了一段繁榮興盛的時期，這就是「成康之治」。後來周康王也去世了，他的兒子姬瑕即位，歷史上稱為周昭王。

　　和爺爺、父親比起來，周昭王在歷史上的名聲就比較差了。相傳周昭王即位後，都城裏出現了各種奇怪的自然現象：河水、井水暴漲，緊接着地動山搖，還有五顏六色的光從地面上發出，照亮了天空。當時的人們都很迷信，經常把一些自然現象和君王的所作所為聯繫起來，所以他們認為是周昭王不夠賢明，上天才會降此災禍來警告他。

　　當然，有些事確實是周昭王自己做得有問題。比如有一次，魯國發生了內亂，弟弟殺死了做君主的哥哥，自己取而代之，登上了君位。前面講過，魯國是周公旦的封國，地位僅次於周王室，按說鬧出這樣的大事，王室必須得發兵討伐，興師問罪。可不知怎麼回事，周昭王根本置之不理。這就像班級裏出了甚麼事，班主任根本不管，你們會怎麼想？所以當時百姓們就覺得周昭王根本沒有盡到天子的責任。

　　還有一次，周昭王親自率領軍隊去征討淮河、長江流域的東夷人。東夷人見周昭王的軍隊規模龐大、軍紀嚴整，被嚇到了，沒等周昭王攻打就投降了。周昭王非常得意，覺得自己統領着大軍，沒事打打這個小部族，嚇嚇那個小部族，這種感覺太爽了，於是又尋思着去打楚國。

　　楚國位於今天的湖北一帶。這個諸侯國很特殊，別的諸侯都是先受封再立國，楚國卻是先佔據了荊山一帶的土地，再被周王室承認為諸侯的。所以一直以來，楚人都不怎麼信服周天子，加上他們又能征慣戰，所以周王室一直也拿他們沒甚麼辦法。如今周昭王覺得，要是不教訓教訓楚國，他們會越來越不服自己，於是決定向楚國出兵。

周昭王一共對楚國發動了三次征伐。第一次進展很順利，周軍一直打到江漢地區。相傳周昭王領兵渡漢水的時候遇到了一隻大犀牛，認為很不吉利，就撤回去了。第二次，周昭王沒有親自出征，只是派手下將領出兵，沒想到遇到了怪風，將士個個心驚膽戰，結果被楚人打敗了。周昭王非常惱火，決定親自帶兵出征，於是有了第三次伐楚。

一開始，周昭王率領的軍隊很威猛，甚至攻破了楚國的都城。楚人打不過，乘着大船逃走了。周昭王想要追擊，可他率領的軍隊來自北方，在陸地上打仗很厲害，卻不善於水戰，所以遲遲沒法擊敗楚國軍隊。再加上士兵們都有些水土不服，生病的人很多。周昭王覺得這仗不能打下去了，於是下令班師回朝。

這次回去的時候，還是要渡過漢水。楚人知道周軍肯定會路過這裏，早就把漢水邊所有的船隻都破壞掉了。眼看大軍沒法過河，周昭王便命令士兵把當地的居民都找來，讓他們趕緊造船，要是不能在規定時間內造出足夠的船，就要把他們全都殺掉。

當地居民恨透了周昭王，所以造船的時候故意用膠水把船板一塊塊黏起來，讓船隻從表面上看起來沒有任何不妥的地方。這些用膠黏起來的船一點都不結實，船開到江心的時候，膠被水一浸泡，化掉了，再加上浪一拍打，那些船紛紛解體，士兵們全都掉進了水裏。

周昭王也不例外，他常年在北方生活，是隻不會游泳的「旱鴨子」，落水之後掙扎幾下就沉下去了。左右的隨從們趕緊手忙腳亂地去打撈，好半天才把人救上來，發現周昭王肚子鼓鼓的，裏面全是水，人早就沒氣了。堂堂周天子，就這樣死在了「豆腐渣工程」上。

宗法制度

　　鑒於商朝經常因為一個王死後由誰來繼承王位而打來打去，周朝汲取教訓建立了宗法制度。宗法制度建立後，不光是王位，諸侯繼承和黎民百姓的家業繼承問題也都得到了解決。

　　宗法制度規定，正妻生的孩子叫「嫡」，妾生的孩子叫「庶」。在正妻生的孩子中，只有長子才能繼承王位或家業。要是正妻生的長子去世了，則由正妻的第二個兒子繼承王位或家業。只有在正妻沒有孩子的情況下，才能由妾生的第一個兒子繼承王位或家業。這就是後來一些朝代「立嫡立長」的由來。

揭開周昭王死因的秘密

　　由於周昭王死得太窩囊，所以周朝人對他的死因諱莫如深，周朝的史書上只說周昭王去楚國打獵，路上遇到了風浪，溺水而死。後代的人們之所以發現了歷史真相，是因為從地底下發掘出了一些周朝後期的竹簡，這些竹簡記載了周昭王伐楚而死的經過。

當時的世界

　　周昭王在位的那個年代，是猶太王國鼎盛的時期，由著名的君主所羅門王統治。所羅門王充滿智慧，處理內政和外交的能力都很出眾，今日的猶太人對所羅門王依舊極為崇拜。

國人暴動

客死他鄉的周天子

前面講到，周昭王征討楚國不成，自己反倒在漢水中淹死了。比起父親、爺爺，他是個不太合格的君王；可比起後世子孫來，周昭王還不算很差。

周昭王之後，又接連有幾任周天子即位，每一代都有異族入侵、部族叛亂等事件發生，天下始終不太平。等到第十任天子周厲王在位時，國家的財政已經非常吃緊了。

當時，很多百姓都不肯在公田裏耕作，跑到山林裏去打獵，跑到河流湖泊中捕魚，以此逃避貢賦。周厲王為了增加財政收入，採用一個叫榮夷公的大臣提出的建議，宣佈這些山林、湖泊都是國家的，百姓們不許私自捕獵打魚，除非也給朝廷交稅。這項政策就叫「專利」，這也是這個詞最初的由來。

這樣一來，百姓們要麼重新回去種田，要麼就得交了稅才能捕魚打獵，大家當然不願意了。他們經常聚在一起議論朝政，認為這項政策不合理。大臣召公虎聽到民間對朝廷不滿的言論越來越多，便對周厲王說：「百姓們受不了啦，大王應該馬上改變做法，不然會出亂子的！」

周厲王很惱火，於是頒佈了一條法令，禁止人們批評朝廷，更不許批評君王。為了監督百姓，周厲王還派了許多密探四處打聽，只要有人說錯一句話，就會被密探抓走，或是關監獄，或是處刑。這樣一來，百姓們果然不敢再說甚麼了。大家走在路上，碰到熟人也不敢打招呼，相互使個眼色就各自匆匆走開。這就是成語「道路以目」的由來。

周厲王見沒有人敢說話了，得意揚揚地對召公虎說：「你看，現在那些刁民甚麼話都不敢說了！」召公虎卻更加擔憂了，他說：「堵住人的嘴不讓人說話，比堵住河流還要危險哪！就好像治水，必須疏通河道，讓水流到大海裏去，要是硬堵住河流，那會沖破堤壩的！治理百姓也是這個道理。」這段話後來又引出一個成語「防民之口，甚於防川」。

對於召公虎的話，周厲王根本不信，他反而變本加厲地壓制百姓。結果沒過多久，國內就發生了暴動，歷史上稱為「國人暴動」。百姓們拿着武器起來造反，把王宮團團圍住，嘴裏大喊大叫，說要殺了周厲王。周厲王沒想到百姓造起反來會有這麼大的力量，嚇得屁滾尿流地逃出了王宮。

周厲王前腳剛逃走，百姓們後腳就殺進了王宮。找了半天沒找到周厲王，他們就想把他的太子殺了。這時周厲王的太子已經躲到了召公虎家裏，造反的人圍住召公虎家，大喊：「把太子交出來！」

召公虎知道，今天要不把人交出去，這事肯定沒完，但他很忠於周王室，最後強忍着悲痛，把自己的兒子交了出去。

周天子跑了，太子也不能露面，可總得有人出面負責治理國家呀。大臣們商量了半天，決定讓召公虎和周成王時期周公旦的一個後人周定公暫時代理周天子的職務。因為周定公和召公虎在民間的名聲比較好，所以他們執政之後，暴亂很快就停止了。

周定公和召公虎總共執政了十四年，這就是歷史上有名的「周召共和」。這十四年間，被趕跑的周厲王一直流亡在外，最後死在一個叫彘

（zhì，粵音自，今山西省霍州市）的地方。彘的意思就是「豬」，死在這裏，周厲王也算是死得其所了。

周厲王死後，召公虎讓當年逃過一劫的太子即位，他就是歷史上的周宣王。周宣王比他父親強，能夠比較好地治理國家。但是由於他父親當年太能折騰了，周朝被搞得一片狼藉，所以即便是明君上位，也不能阻止周朝逐漸衰落。

共和元年

從周厲王被國人趕出鎬京到周宣王即位的這段時期，由大臣召公虎和周定公共同治理國家，因此這段時期被稱為共和時期。

共和時期開始的這一年，也就是公元前841年，是中國歷史有確切紀年的第一年，因此被稱為共和元年。

從共和元年開始，不論中國歷史經歷了甚麼，年代都記錄得清清楚楚，從未間斷過。

當時的世界

在周厲王那個時代，古希臘的斯巴達人發明了步兵方陣。每4至8名持長矛的重裝步兵為一列，組成4至8排的陣式，在大型戰爭中，方陣更可以達到32排甚至更多。這樣的方陣可以阻擋騎兵的進攻，但是由於士兵們都身穿鎧甲，還拿着四五米長的長矛，所以行動起來非常慢。斯巴達人靠着這種步兵方陣，成為當時歐洲最強大的軍事力量。

烽火戲諸侯

「狼來了」

　　周宣王死後，他的兒子即了位，歷史上稱他為周幽王。在他手上，周朝差點滅亡。

　　和祖先周昭王一樣，周幽王即位後不久，國內就暴發了一次大地震，之後又暴發了大旱災，糧食顆粒無收。很多人因此食不果腹、四處流亡。面對這樣的局面，周幽王不想着救災，反而只知道吃喝玩樂，還命令手下的貪官繼續搜刮民脂民膏，搞得百姓生不如死。周幽王還對一個叫西戎的部族發動戰爭，結果慘敗而歸。

　　有個大臣叫褒珦（xiàng，粵音向），見國家被周幽王搞成這個樣子，便去勸他要勤政愛民，可別再胡鬧了！周幽王非但不聽，反而把褒珦關進了監獄。褒珦的家人非常着急，開始想辦法解救褒珦。他們聽説周幽王最喜歡美女，便找到了一個叫褒姒的美女，送給周幽王。周幽王看到美女眼睛都直了，甚麼氣都消了，便釋放了褒珦。

　　關於周幽王寵愛褒姒這件事，人們有一個傳説。相傳褒姒雖然長得漂亮，但是卻不會笑。周幽王很苦惱，他一天天別的事都不想，就想着怎麼

能讓褒姒笑一下。他手下愛拍馬屁的大臣便給他出了個缺德主意——點燃驪山的烽火台。

烽火台相當於古代的訊號發射站。如果敵人來攻打都城，君王就會命令人們點燃烽火台上的狼糞，狼糞燃燒起來後，會冒出一股衝天的濃煙，其他烽火台上的人看見了，都會點燃狼煙，一個一個的烽火台通過狼煙接力，就可以把敵人入侵的消息快速傳到很遠的地方。遠方的諸侯看見狼煙，就知道有敵人進攻都城了，會立刻帶領兵馬前來支援。

烽火台如此重要，所以不到危急關頭，絕對不能點燃狼煙。可周幽王為了博美人一笑，甚麼都不在乎，於是就下令點燃狼煙。

遠方的諸侯看到狼煙起，以為是敵人入侵都城。大家趕緊點齊兵馬，匆匆忙忙趕到驪山腳下，卻沒看到一個敵人，只看見周幽王和褒姒優哉游哉地看戲呢。

褒姒看到諸侯們一個個灰頭土臉、驚慌失措的狼狽樣子，終於笑出了聲。周幽王見狀高興極了，也跟着哈哈大笑。

諸侯來到周幽王面前，說：「大王，明明沒有敵人，您怎麼把狼煙給點着了？」

周幽王厚着臉皮說：「我只不過想逗愛妃一笑。」

諸侯們氣壞了，心想：「原來你把我們當傻小子，拿我們開玩笑呢！」所有人都很生氣，帶着自己的兵馬離開了。

周幽王實在太喜歡褒姒，於是不顧大臣們反對，廢掉了原來的王后申氏和太子宜臼，改立褒姒為王后、褒姒的兒子為太子。他沒想到，這樣一來，自己可闖下了大禍。

原來王后的父親、周幽王的岳父是申侯，他聽說女兒居然被周幽王給廢了，外孫的太子位子也沒了，非常生氣，於是聯合一個叫犬戎的異族，來攻打周朝的都城鎬京。周幽王一看大兵壓境，趕緊命令手下再次點燃狼煙。遠方的諸侯雖然看見狼煙，但他們都想：「是不是周幽王又想逗他的妃子開心，拿我們開玩笑呢？」因此，沒有一個諸侯出兵幫忙。

失去了諸侯們的支持，周幽王孤立無援，叛軍很快就攻破了都城。周幽王只好離開都城，逃命去了。不過，他最終還是沒能逃得過敵人的追

殺，死在了逃亡的路上，褒姒也被犬戎的士兵捉走了。這就是「烽火戲諸侯」的故事。

不過很多人指出，這段故事的疑點太多：一是西周時期還沒出現烽火台；二是以當時的交通條件，諸侯們也很難在短時間內千里迢迢趕到鎬京。所以現在歷史學家們普遍認為，「烽火戲諸侯」只是一個傳說而已。新出土的史料提供了另一個說法：周幽王廢掉太子宜臼之後，申侯乾脆把宜臼擁立為王。周幽王一看這還了得，立刻起兵去平亂，這時候犬戎趁機攻過來，殺死了周幽王。

不管怎麼說，周幽王是被殺了，犬戎也攻破了鎬京，西周宣告滅亡。在這之後，曾經被廢掉的太子宜臼當上了周天子，歷史上稱他為周平王。但是由於舊都城已經被敵人毀壞，所以周平王遷到了周公旦當年新建的都城洛邑。因為洛邑在之前國都鎬京的東面，所以歷史上把遷都之後的周朝稱為「東周」。

和西周比起來，東周的領土範圍要小得多，而且諸侯們也不再服從周天子的調遣了，周天子已經失去了對其他諸侯的實際控制權。

知識加油站 文學

《詩經》

《詩經》是我國最早的一部詩歌總集，彙集了西周到春秋時期的詩歌三百多篇，所以也稱為「詩三百」。

據說，西周時設有專門的采詩官，每年春天，他們都會拿着木條去民間收集各地的民謠，整理後交給太師（負責音樂的官員）譜曲，演奏給周天子聽，作為施政的參考。這些詩歌有些反映的是民俗民情，有些歌頌的是美好的愛情和高尚的情操，有些描寫的則是體力勞動者的勤勞和勇敢。《詩經》也為後人研究商、西周和春秋時期的歷史提供了寶貴的資料。

責任編輯　潘沛雯
裝幀設計　鄧佩儀
排　　版　陳美連
印　　務　劉漢舉

穿越中國五千年❶：遠古至西周

歪歪兔童書館 ◎ 著繪

出版 | 中華教育

香港北角英皇道 499 號北角工業大廈 1 樓 B 室

電話：(852) 2137 2338　傳真：(852) 2713 8202

電子郵件：info@chunghwabook.com.hk

網址：http://www.chunghwabook.com.hk

發行 | 香港聯合書刊物流有限公司

香港新界荃灣德士古道 220-248 號荃灣工業中心 16 樓

電話：(852) 2150 2100　傳真：(852)2407 3062

電子郵件：info@suplogistics.com.hk

印刷 | 泰業印刷有限公司

香港新界大埔工業邨大貴街 11 至 13 號

版次 | 2024 年 3 月第 1 版第 1 次印刷

©2024 中華教育

規格 | 16 開（230mm x 170mm）

ISBN | 978-988-8861-30-9